終末の起源

二つの系譜　創造論と終末論

上村　静

UEMURA Shizuka

ぷねうま舎

装幀＝矢部竜二（Bow Wow）

荒井　献先生へ

はじめに

パンデミック――疫病が流行ると、この世の終わりが近づいていると感じる人がいるらしい。古代から現代にいたるまで、何度となく世界の終わりについての期待と不安が盛り上がり、また廃れるということが繰り返されてきた。今回の新型コロナ禍においても、一部のキリスト教界隈ではヨハネ黙示録の預言が実現しつつあるといった言説が現れている。

この世の終わりのことを短く「終末」と呼び、その終末にまつわる思弁を「終末論」という――近年は個人の最期にいたるまでの時期を「終末期」と呼んだり、「終活」という言葉が使われたりするようになっているが、本書で「終末」という場合は、天地創造以来のこの世の秩序が終わり、新しい秩序をもった世界が現れる事態を指す。

多くの日本人にとって終末は来ない方がいいものと考えられているだろうが、キリスト教会にとって終末は待望されるものである――実際のクリスチャン個々人がどこまで本気でそれを望んでいるかはその人次第だが、教義的には終末は早く来てほしいと願われているものである。終末待望を典型的

に表す行事の一つが十一月の終わりからクリスマスまでの「待降節」と呼ばれる時期に行われる典礼である。クリスマスは一般にイエス・キリストの誕生を祝うものと思われている。たしかにそうに違いはないのだが、キリストの誕生とは神の子キリストが天上からこの世に到来したことを意味し、それと同じように、磔刑の後に復活して昇天したキリストが再びこの世に来臨し、この世を終わらせ、新しい世界を支配するようになることが期待されている。すなわち、クリスマスはキリストの誕生を祝いつつ、その再臨を待望するイベントなのである。「待降節」は英語の Advent（ラテン語 *adventus* =「到来」）の訳語であるが、キリストが天から降りて来るのを待つ時節というキリスト教の信仰をうまく表現している。

「終末」という言葉の響きからすると、この世が終わってそれでお仕舞いと思う人もいるかもしれないが、キリスト教――およびユダヤ教とイスラム教――の終末論は、その後に理想的な世界が到来することを期待している。われわれが生きているこの世にはいろいろと問題がある、だからそれは終わりを迎え、まったく新しい世界が到来するはずだ、そうあってほしい、そういう願望が終末論には込められている。

というわけで、終末論というのは新しい世界への希望の表現なのである。しかし、新しい世界を希望するということは、現在のこの世にはもう希望はないという現状認識を前提としている。そしてその現状はもはや自力では何ともしえないという諦めをも含んでいる。この世そのものが希望に満ち溢れた幸せな世界であるならば、あるいは自分たちで何とか改善できるという希望があるならば、誰も

その終焉を望んだりはしない。この世はもうダメだという絶望と諦観こそが、終末待望論を生み出すのである。終末についての考えがパンデミックに象徴される惨劇と結びつく理由はここにある。絶望的な現状が終末の予兆として認識されることになる。ヨハネ黙示録に代表される黙示文学には、そうした終末直前の時代の天変地異や艱難辛苦が描かれているが、それは終末を期待する人たちの置かれていた状況を象徴的に描写していると言うこともできよう。ヨハネ黙示録は、後一世紀の終わりにローマ皇帝ドミティアヌスによって迫害されていると感じたキリスト教徒によって書かれたものである。彼らにとってはキリスト教会の存続そのものが脅かされる危機的状況と感じられる艱難辛苦の事態にあったのだろう。そこでその著者は、自分たちが受けている苦しみ以上のものが世界中の人々を襲うこと、その後に自分たちが勝利することを様々な象徴表現を用いて描写したのである。

ローマ皇帝による迫害は非難されてしかるべきであろうけれども、だからといって世界全体の終わりや無関係な人々を巻き添えにする自然災害や疫病の流行を必然的なものとして描写するというのもいかがなものかと思う。最後に自分たちだけが楽園で永遠に生き、それ以外の人たちは永遠の責め苦に合うといういわゆる「最後の審判」の希望も、怪しげなカルト集団の狂信と変わらない。端的に言って、自分たちの現状に対する恨みつらみを無関係な人たちにまで八つ当たりした誇大妄想以外の何物でもない。

こうした具体的かつ全体的な描写はヨハネ黙示録に顕著であるが、キリスト教は最初から終末待望とともに生まれたのであり、新約聖書に収められているすべての書物は終末論と結びついている。そ

の理由は、キリスト教の生まれた時代のユダヤ教が終末待望論の最も強い時代だったからである。周知のように、キリスト教はもともとはユダヤ教の一派として生まれたセクト運動——キリスト派——であり、それが後にユダヤ教から分離してキリスト教と呼ばれるようになったものである。後一世紀のユダヤ人の間には終末待望論が蔓延しており、その終末論の一部としてメシア＝キリストの到来が期待されていた。* イエスの死後、その弟子たちは磔刑に処されたイエスこそユダヤ人が待望していたメシア＝キリストなのだと信じるようになり、キリスト派を形成するにいたった。すなわち、ユダヤ人の終末待望の実現者としてイエス＝キリストが到来したのだと主張するのがキリスト教なのであるから、新約聖書が終末論を前提にし、またそれについての思弁で満ちているのは当然のことである。キリスト教の生みの親はユダヤ教の終末論なのである。

＊「メシア」はアラム語の「油注がれた者」の音写であり、「キリスト」はそのギリシア語訳。古代イスラエルにおいて、新しく王が即位するときにオリーブ油が頭に注がれた儀式に由来する。つまりメシアとは「イスラエルの王」の別称。ダビデの家系が正統な王位継承者であったが、バビロン捕囚によってダビデ家の王位が断絶してしまう。それゆえいつか「ダビデの子」（ダビデの家系の正統な王）が現れて自分たちを救ってくれるはずだというメシア待望がユダヤ人の間に生まれ、それがやがて終末論と結びついた。

では、ユダヤ教の中ではいつ頃からどのようにして、またどのような状況において、終末についての思弁が展開されるようになったのだろうか。また、終末論はユダヤ教の中でどのように位置づけら

れるのだろうか。本書はこうした問いに答えることを目的とする。

ヘブライ語聖書――キリスト教で言う「旧約聖書」――には、終末論を中心に扱った黙示文学としてダニエル書があるが、これは前二世紀前半に編纂された書物で、ヘブライ語聖書の中では最も遅い時代のものである。ダニエル書には、この世の終わりと個人の復活の思想、そして永遠の生命の獲得についての記述がある。前二世紀にこうした思想が書物の形をとるには、それ以前の時代にそれにいたる前段階があり、またその時代にはそれを生み出す契機となる出来事があった。他方、それ以外のヘブライ語聖書には、個人の復活への希望を語る箇所は明示的には見出されず、有名な失楽園の物語(創三章)は明らかに人間による永遠の生命の獲得を否定している。また、ユダヤ人の間に終末論が広まっているのを知ってそれを否定するコヘレトの書もある。これらは被造物としての人間存在の限界を訴える思想を展開するので、創造論と言える。すなわち、古代ユダヤ思想――ヘブライ語聖書および外典・偽典と呼ばれる聖書外文書から読み取れる思想――には、大きく二つの潮流があった。創造論にいたるものと終末論を導くそれである。第I部では王制樹立(前十一世紀)から黙示文学成立(前二世紀)までのこの二つの思想潮流の系譜をたどる。

第II部では、前六三年にローマ支配下に入ってからバル・コホバの乱(後一三二―一三五年)にいたるまでのユダヤ思想の展開といくつかのセクト運動の特徴とを概観するとともに、そうした思想やセクト運動がユダヤ人の対ローマ戦争に及ぼした影響を考察する。ユダヤ戦争は、七〇年の神殿崩壊にいたる第一次ユダヤ戦争とユダヤ人がエルサレムから追い出される結果となった第二次ユダヤ戦争

（バル・コホバの乱）が有名であるが、ディアスポラのユダヤ人が一斉蜂起したキトス戦争についてはあまり知られていない。第II部ではキトス戦争を含めた二つの戦争の思想的・時代史的背景を概観することで、後二世紀半ば以降にどうしてグノーシス主義がキリスト教と結合して開花することになったのかを考察する。

第I部と第II部をとおして、後二世紀にいたるまでのユダヤ思想全体を概観することになるのだが、第III部ではそれを踏まえて、イエスとパウロが二つの思想系譜のどちらに位置づけられるのかを考察する。それは、その後のキリスト教の思想をイエスの活動と思想に照らして吟味・検証することを意味する。果たしてキリスト教はイエスの活動と思想を受け継ぐものになっているのかどうか、そうでないとするならば、キリスト教のあり方は今のままでいいのかどうか、キリスト者にとっては考えるべき問いであろうと思う。しかし、キリスト者でない読者にとってもこの問いは無意味なものにはならないだろう。というのは、現代世界は否応なく西洋の価値観を中心に動いているのであり、それはきわめてキリスト教的なものだからである。今日、キリスト教徒の数自体は減少傾向にあり、特にヨーロッパはその傾向が顕著である。しかし、問題はクリスチャン人口の多寡ではない。自覚的にキリスト教を信じているかどうかとは無関係に、知らぬ間に無自覚的に、すでに当たり前のこととしてキリスト教的価値観が受け入れられている。非キリスト教国であるはずの日本も、また共産圏も仏教国であるはずのアジアの国々も、キリスト教的価値に蝕（むしば）まれている。そして、その価値観は終末論を前提にしている。

はっきり言って、終末論はひどく幼稚な思想である。それは死への恐れということゆえではない。死が怖いのはしょうがない。誰だって死にたくはないだろう。別に何かのため――お国のためとか、次世代のためとか――という理由づけをして、死を受け入れましょうなどと言うつもりもない。死は生あるものの定めなのだから受け入れるよりほかはない。どうにも死が怖くてしょうがない人は、霊魂不滅と死後の生を信じればよい。キリスト教もカトリックの時代以降は死後の魂の行き場――天国・煉獄・地獄――を考えるようになった。最初期のキリスト教は、間近に終末が迫っているという脅し文句で宣教活動をしていたが、いつまでたっても終末が来ないので、死んだらすぐに行ける天国(楽園)を作らなければならなくなった――死後すぐに天国に行って永遠に生きるなら、終末は不要になるはずなのだが。死の恐怖の克服というだけなら、終末論は必要ないし、そこに終末論の根源的な問題があるわけでもない。

終末論が内包する根本問題は、二元論的世界観にある。われわれが今現在生きている「この世」とそれが終わった後に期待されている「来るべき世」に、世界は二つに分けて考えられている。当然ながら「この世」は悪に満ちた世界と見なされており、滅ぼされるべきものとされている――だから別の新しい世が期待されるわけである。「来るべき世」は、したがって完璧な理想的な世界ということになる。そこには悪がない。悪のない世界には当然ながら悪人もいない。というわけで、人間も「義人」と「罪人」に二分される。この世で「義人」として生きた者だけが、来るべき世で永遠の生命を獲得して幸せに生きることができる。「罪人」は永遠の責め苦を味わう――ということはすべての人

が永遠に生きることになるのだが、その辺の矛盾は気にしないのが宗教というご都合主義の産物のいいところなのだろう。人間は努力次第で「義人」になることができ、そうすれば「永遠の生命」を得られる、他方で「罪人」は裁かれるという思想、ここに終末論の前提とする二元論的世界観の根本問題がある。失楽園の物語からすれば、「永遠の生命」とは神の属性であり、人間は神ではないし神になれないようにエデンの園を追われたはずである。ところが、頑張りしだいで自分たちだけはそれを手に入れられるということは、人間は「神のように」なれるということになる。「神のように」なろうとする人間の欲求、この強欲と傲慢の肯定こそがこの思想の根源にある問題なのである。そして自らを「神のように」なれると見なすがゆえに、他者に対して容易く「罪人」のレッテルを張ることができる。先にヨハネ黙示録について、恨みつらみの誇大妄想と記したが、古代ユダヤ教において終末論を展開した人たちもまた当時の権力者に対する恨みつらみから彼らの思想を生み出したのである。自分たちこそ義しいはずなのに、罪ある者たちが権力を握って好き放題にしている、面白くない、けれど自力ではどうにもできない、そうだ、神がこの世を終わらせてあいつらに報復してくれるはずだ、そして自分たちには義しさにふさわしい報いをくれるに違いない、と。終末論はニーチェの言うルサンチマンから生まれたのであって、そこでは報復対象としての「罪人」が要求されるのである。二元論の問題は、たんに世界を二分して観察するということではなく、自己正当化のために敵を要するという点にある。

現代の資本主義あるいはその発展形である新自由主義体制下の世界において、金持ちは「義人」で

あり、貧者は「罪人」とされる価値観が蔓延している。蓄財は禁欲と勤勉の証であり、貧困は怠惰の結果と見なされるからだ。この価値観こそが格差社会を正当化し、金持ちと彼らと結託した権力者に都合のいい世界をつくり上げ、膨大な貧しい人を生み出し、また自然環境を破壊している。先進国と呼ばれる国々において貧しさや生きづらさゆえに死へと追いやられる人が減ることはないし、発展途上国と呼ばれている国々も先進国に近づけば同じことになる。環境破壊は地球を破滅へと向かわせている。何のことはない。新型コロナがあろうとなかろうと、ずいぶん前から世界はパンデミックの中にあったのだ、終末論という疫禍に。この世の終わりは、「神のように」振る舞う人間の強欲と傲慢が遠からずもたらすだろう。それが人間の愚かさというパンデミックの結末なのだ。

しかし、考えるまでもなく、およそ生まれた時から完全な「義人」も「罪人」もいるわけはないし、金持ちが義しく努力した結果であり、貧乏人は努力が足りないなどということはおよそ現実を無視したおとぎ話である。いいかげんこの幼稚な終末論という亡霊を祓ってみてはどうだろうか。せめて人間の愚かさ、強欲と傲慢に気づく程度の謙虚さをわきまえてみてはどうだろう。多くの人がそのことに気づくとき、この世も少しはましなものになるかもしれない。本書がそのための一助となることを願う。

終末の起源◇目　次

I

古代ユダヤ教における二つの思想潮流

創造論と終末論

序

神話は、人間自身が、自己の世界において、自己をいかに理解しているかということをいいあらわしている。神話は、宇宙論的にではなく、人間学的に、むしろ実存論的に解釈されることを欲しているのである。

（ブルトマン『新約聖書と神話論』[1]）

古代ユダヤ思想を解明するための主たる資料の一つは聖書である。大辞林によると、「思想」とは「人がもつ、生きる世界や生き方についての、まとまりのある見解[2]」とされるが、聖書を「人がもつ見解」の資料とするには、その名称に込められた意味とは異なる認識が前提とされる。

聖書とは「聖なる書物」（the Holy Scriptures）の略称であり、それはそこに書かれている言葉が「神の言（ことば）」であるという信仰を表現している。この立場からすれば、聖書から読み取るべきは「神」の意思（みこころ）であって、「人間」の思想ではないということになる。ある特定の書物（群）が「聖書」として認識されて以来、聖書学という学問は営まれ続けてきたが、それは神学（*theologia* ＝ *theos*［神］＋ *logia*［言葉］＝神についての議論）の一分野であった。* しかし、十八世紀に啓蒙主義の時代を迎えると、近代歴史学の影響を受けて「近代聖書学」が生まれた。近代歴史学は資料批判という方法論

において画期となったが、近代聖書学も聖書各文書を歴史資料としてあつかう歴史批判的研究を行うようになった。[3]

＊　これは特にキリスト教世界のことであり、ユダヤ教には「神学」という学問は近代にいたるまで生まれなかった。ユダヤ教にとって「神の意思」はトーラー（律法）に記されているので、律法諸規定をどのように日常生活に適用するかが議論の中心であった。イスラームも同様である。近代に入ってユダヤ教に神学議論が生じたのは、西欧における反ユダヤ主義に対する弁明のためであった。手島勲矢編著『わかるユダヤ学』日本実業出版社、二〇〇二年、三四一頁以下参照。

聖書を歴史資料としてあつかうということは、人間の著者がいるということを前提とする。聖書には、文書ごとに（ときに一つの文書に複数の）生きている時代も場所も異なる著者・編纂者がいる。彼らの考えは必ずしも一致せず、むしろ互いに矛盾し、あるいは対立することもある。近代聖書学は聖書を「人間学」の対象として分析するのである。

第一章　聖書と聖書学

1　「人間学」としての聖書学

聖書を人間の書いた古典としてあつかう近代聖書学の立場は、それを「聖なる書物」とする伝統的な神学の立場とは相いれないように見える。実際、十八世紀にはじまったと言われる近代聖書学の萌芽は、宗教改革に先立つのだが、その時代に教会の教義（神学）に異を唱えた者たちの多くは処刑されている。しかし、ここには神学についての誤解がある。神学は神についての人間の議論であって、それを行うのはあくまでも人間である。いかなる神学も「神の意思」そのものであることを主張しえない。そもそも神学は、人間と無関係に存在する神についての思弁ではなく、神を前にした人間存在

について、人間のあり方についての議論であるはずだ。人間存在と無関係に昼寝している神についての神学論争ほど不毛な議論はない。にもかかわらず、神の名のもとに少なくない人間のいのちを奪ってきた歴史について、キリスト教界は反省しなければならない。同様のことは近代聖書学にも言える。経験科学の一分野であろうとした近代聖書学は、科学的・客観的であることを標榜する。しかし、聖書学がどれほど歴史的に整合性のある結論を導き出そうとも、それはあくまで「仮説」にとどまる。そもそも「正しい歴史」なるものは存在しない。「歴史」とは歴史家の創造した物語にすぎない[1]。神学にしても聖書学にしても、なるほど「真実」に近づこうとするものではあるのだが、決してそれに到達することはできない。では、それは虚しい営みなのだろうか。

聖書は「言葉」で書かれた書物群の集成であるから、多様な解釈に開かれている。しかし、その「聖性」は規範性・拘束性を要求する。それが規範的であるためには特定の解釈に絶対性が付与されねばならず、それ以外の解釈は異端として弾圧されてきた。人間学として営まれる神学・聖書学は、特定の解釈を絶対化する暴力から聖書を解放する役を担う。いかなる神学もどれほど客観的に見える聖書学の成果も、唯一絶対の「正しさ」を主張しえないこと、聖書解釈は常に多様でありうること、それを示し続けることに人間学としての限界を踏まえた神学・聖書学の意義がある[2]。聖書は神の存在を前提にする。人間学としての聖書解釈は、「神」という超越の象徴を前に、人間存在とは何者なのか、人はいかに生きるべきなのかという問いを問う。そうした正解のない人間についての問いを問い続けること、その営みこそが人間を人間たらしめるのであり、それが「人間学」という学問の意義である。

2　「神話」としての聖書

人間の著者を想定する人間学の立場からすれば、聖書は「神話」である。聖書は古代人の書いたものであるから、古代人の神話論的表象に満ちている。古代人は、世界の事象を、実在すると信じられた霊的諸力のはたらきに帰した。聖書では神や天使や悪魔が人間世界に跋扈するのであるから、それは「神話」以外の何物でもない。しかし、聖書が神話であるということは、聖書がただのおとぎ話の寄せ集めであるということを意味するわけではない。古代人は世界を観察し、人間の無力と愚かさを洞察した。そうした限界を見極めたうえで、なおいかに生きるべきか、それを神話論的世界観の中で、間接的な仕方で表現したのである。聖書を事実の報告書として読むことは、近代的な科学主義――客観的な事実こそ真理であるという信仰――の陥穽にはまっている。そのような仕方で聖書を読むことは、却って聖書の使信から読者を遠ざけることになる。むしろ聖書は古代人の書いた神話であることを認めた上で、その神話をとおしていかに人間についての洞察を表しているのかを問うこと、ブルトマンの言うように「人間学的に」解釈することこそが聖書学の今日的課題なのである。(3)

現代世界は良くも悪くも西洋が中心となっている。西洋の価値観にはキリスト教が深くかかわっており、キリスト教は聖書解釈と切り離すことはできない。キリスト教の聖書解釈は、新約聖書の理解

が先にあり、その光に照らしてヘブライ語聖書*が解釈・評価されることが多い。新約聖書およびキリスト教の世界観は、二元論的である。世界は今われわれが生きている「この世」と、終末後に到来することが期待されている「来るべき世」に分けられている。そして後者に入って「永遠の生命」を得ることが救済とされるのだが、人間もそこに入れる「救われる者」とそこに入ることのできない「滅びる者」とに二分される。

＊ いわゆる「旧約聖書」のこと。「旧約」（「旧い契約」）という呼称はキリスト教によるユダヤ教蔑視の表現であるため、「ヘブライ語聖書」という呼称を用いる。「旧約」という呼称の問題については、拙著『キリスト教信仰の成立——ユダヤ教からの分離とその諸問題』（fad 叢書4）関東神学ゼミナール、二〇〇七年参照。

こうしたキリスト教が前提とする二元論的世界観は、古代ユダヤ思想の中で生み出されたものであるが、これに反対する考えもまた古代ユダヤ思想の中に存在していた。世界史における現時点でのキリスト教の勝利ゆえに後者はあまり評価されずにきたが、世界が対立と紛争に突入している現状にあってはその再評価が必要であると思われる。本書では、古代ユダヤ教における二元論的世界観の確立と、それに相反する思想の展開とを歴史的に概観することを目的とする。これは、伝統的には「神義論」の問いとして論じられてきた問題であるが、本書ではそれを人間学として、古代ユダヤ思想の二つの潮流として論ずる。*

＊

思想史を概観するという事柄の性質上、すべての事項について詳細に論ずることはできない。以下の記述は、過去に発表してきた拙稿、拙著をまとめ直す部分が多くなるが、これまでに触れていない事項・文書解説についてはやや詳論する。

第二章　預言者とモーセ五書の思想系譜

1　預言者の活動と使信

古代ユダヤ教の形成に大きくかかわったのは預言者たちであった。[1] 預言者と言えば、三大預言者と十二小預言者のいわゆる「記述預言者*」が有名であるが、それ以外にも多くの者たちが「預言者」と呼ばれている。アブラハム（創二〇7）やモーセ（申三四10）、モーセの兄アロン（出七1）と姉ミリヤム（出一五20）、女預言者デボラ（士四4）や最後の士師とされるサムエル（サム上三20、代下三五18）もそうである。これらの者は「神託」を受ける者として預言者であると同時に民の指導者でもあった。最初の王サウルは、王に即位すると神の霊が下り、預言する状態になったと言われる（サム上一〇6、10-13）。

ところが、ダビデの時代以降、王とは別に王に神託を告げる者としての預言者が登場する。ダビデに仕えた宮廷預言者ナタンが知られている（サム下七章、一二章、王上一章）。さらに、ソロモンの時代末期には、ヤロブアムが叛乱を起こすが、シロの預言者アヒヤはそれに加担している**（王上一一26-40）。その結果、ソロモンの死後、王国は南北に分裂する。南ユダ王国はダビデ王朝が安泰であり、それゆえ預言者たちもダビデ家の正統性を疑うことはしなかったのに対し、北イスラエル王国には安定した王朝は生まれなかった。それは北王国で活動した預言者たちが、アヒヤのように時の為政者に批判的であったからである。

* その名を冠する書物が聖書に残されている預言者のこと。もっともその書物を書いたのは必ずしもその預言者本人とは限らない。預言者自身は「語った」のであり、それを書き記し、現在の形に編集したのは、その弟子たちや後の世代である。

** シロは伝統的なヤハウェ（イスラエルの神）の聖所のあった町で、サムエルはそこで育った。すなわち、アヒヤは伝統的なヤハウェ信仰の継承者であり、それゆえにソロモンの政策を批判したと考えられる（後述）。ただし、聖書の編纂者は、王国分裂の原因をソロモンの偶像崇拝に帰そうとしている（王上一一章）。

北王国で活動した預言者エリヤは、アハブ王が農夫ナボトを殺害してその土地を奪ったことを非難し、その裁きを預言した（王上二一章）。エリヤの弟子エリシャはクーデターに関与し、オムリ王朝を終わらせている（王下八―一〇章）。こうして神の名のもとに社会的不正を糾弾し、為政者と批判的に

対峙する預言者の伝統が北王国に形成された。

この伝統の中から最初の記述預言者アモスが登場する（前七五〇年代）。アモスの時代の北王国は経済的に繁栄し、領土を拡大させていたが（王下一四25）、その反面、貧富の差が拡大し、貧しい者は農奴として売られるなどしていた（アモ二6-8）。アモスはそうした社会的不正を糾弾し裁きを語るのだが、その裁きは金持ちに限定されず、民全体におよぶという。アモスは神の言葉として、「大地の諸氏族すべての中から、ただお前たちだけをわたしは知った。それゆえお前たちの罪すべてをお前たちの上に報いる」（アモ三2）と告げる。[2] アモスによれば、イスラエルは選民なのだが、それは特権を意味するのではなく、「公義」と「正義」（五24）を実現するための選びなのであって、それを実践しないならば神によって裁かれるというのである。およそ四十年後に北王国がアッシリアに滅ぼされると（前七二二／七二一年）、それはアモスの審判預言の成就であると信じられるようになった。*

* アモスより少し後に活動したホセアも不正を告発し（ホセ四1-2）、裁きを預言するが（八1、一〇5-6）、それらは偶像崇拝との関連で告発されるのであって（四12-13）、アモスのように社会的不正そのものを問題にするというより、神と民の関係に主眼が移っている。

南ユダ王国の宮廷預言者イザヤは、北王国滅亡をまさにアモスの預言の成就と考え、アッシリアを神の「怒りの鞭」と呼ぶ（イザ一〇5）。王に助言する立場にあったイザヤは、外国との同盟に反対し、

ヤハウェ（イスラエルの神）にのみ依り頼むことを主張するが、王はそれを受け入れず外国との同盟によって延命を図った（七3-16、三〇1-17）。現実の王に絶望したイザヤは、終末後の理想状態を語るようになる。すなわち、理想的な王が現れて支配し（一1-5）、エルサレムが世界の中心となって世界が平和になる、と*（二2-4）。ここに後の救済預言の萌芽を認めることができる。

* イザヤとほぼ同時代に活動したミカは、アモスのように権力者や金持ちを批判し（イザ二1-4）、また偽預言者を批難し（二6-11）、イザヤとは異なり、エルサレム滅亡を預言した（三1-12）。

バビロン捕囚（前五八七年）の少し前に活動をはじめた預言者エレミヤも、アモスのように南王国の滅亡を預言したが（エレ六22-26、七1-15）、バビロニアの王ネブカドネツァル二世を「神の僕（しもべ）」（二五9）と呼び、それが神による民への罰であると考えている。そして実際にエルサレムが陥落し、人々が捕囚民（ほしゅうみん）として連れ去られると、今度は回復（救済）の希望をも語るようになる**（三三5-6、三一31-34）。

** エレミヤとほぼ同時代のエゼキエルも、捕囚前には審判預言（エゼ一七1-10）を語り、捕囚中にはそうなった原因（二〇1-44）と再興の希望（三七1-14、三四23-24）を語る。エレミヤもエゼキエルも再興の希望にダビデ系の王の登場を含んでいる。

バビロン捕囚から四十年以上経ち、新バビロニア帝国が衰え、ペルシアが台頭してきたころ、第二イザヤと呼ばれる預言者が現れた*。彼はペルシア王キュロスによって捕囚民が解放されてエルサレムに帰還できること、神がそのようにするということを語るのだが（イザ四四24—四五7）、その際、ヤハウェこそが世界に唯一の神であることを告げる（四三8-12）。いわゆる排他的唯一神を明言したのは第二イザヤが最初である**。ヤハウェが世界の唯一神になると、全世界の救済もまたヤハウェに求められることになる（四五20-22）。そしてその救済においては、かつてはダビデが担った役を今度はヤハウェの民たるイスラエルが世界の中心として果たすことが期待される***（五五3-5）。イザヤの期待した世界平和は（二2-4）、第二イザヤによって世界の救済預言として明言されるにいたったと言える。前五三八年のキュロスの勅令によってバビロン捕囚は終わり、ユダヤ人の一部はエルサレムに帰還し、前五一五年には神殿を再建する（第二神殿時代のはじまり）。

＊　イザヤ書は全体で六六章あるが、前八世紀後半に活動したイザヤの預言は一—三九章であり、残りは別の預言者の言葉の集成であると考えられている。その名が知られていないため、便宜的に四〇—五五章は第二イザヤ（前五四〇—五三〇年代）、五六—六六章は第三イザヤ（前五三〇年頃？—四五〇年頃？）と呼ばれている。

＊＊　アモスはヤハウェが他の諸民族の歴史にもかかわっていたことに触れており（アモ九7）、その萌芽はすでにあった。第二イザヤが神の唯一性を主張したのは、長い捕囚生活のなかでヤハウェを棄て、異民族の神々にしたがう民がいたからと考えられる。それゆえ異国の支配者たちを支配しているのはヤハウェなのであり、世界に神はヤハウェだけだと告げる必要があった。

＊＊＊ 第二イザヤの救済預言には、エレミヤ、エゼキエルと違って、ダビデ系メシアが現れない（巻末注＊＊参照）。「メシア」という単語はペルシア王キュロスに当てられている（四五1）。聖書で異邦人にこの称号が用いられるのはここだけである。

2 審判預言と救済預言——異なる系譜

以上、王国時代からバビロン捕囚終了までのおよそ五百年にわたる預言者たちの使信を概観してきたが[3]、それらは大きく審判預言と救済預言に分けられる。社会的不正が蔓延る時代に王国滅亡という審判預言が語られ、実際に国が滅びてしまったからには救済預言が語られるというのは、一見すると自然な流れのように見えるが、この二つは同一の思想的系譜から出てきたものではない。

審判預言の思想的源流はサムエル時代の王制樹立のときにまで遡る。必要に応じてその都度現れる士師という指導者では強敵に抗うことが難しくなってきた時代に、自分たちも王を立てようという動きがあったらしい（サム上八1-5）。これに対し、当時の士師であったサムエルは反対の意を表している。

サム上八6-7「『われらを裁く王をわれらに与えよ』と彼らが言ったことは、サムエルの目に悪と映った。そこでサムエルはヤハウェに祈った。するとヤハウェはサムエルに言った、『彼らがお前に言うすべてについて民の声を聞け。なぜなら、彼らはお前を拒んだのではなく、わたしが彼らの上に王であることを拒んだのだ』」。

サムエル――および彼が伝統として受け継いできたヤハウェ信仰――には、「神のみが王」という理念があった。おそらく彼にとって神は出エジプトの神であり、その出来事は奴隷の解放を意味していた（出三7-10）。それは、人間による人間支配を認めないという思想なのであり、王制はその理念を無効化するものに他ならなかった（サム上八11-18）。ダビデが神殿を建てようとしたときにも神がそれに反対して頓挫したと記されているが（サム下七1-7）、そこにはやはり伝統的なヤハウェ信仰の担い手がいて、ダビデの計画に反対したのであろうと推測される。彼らにとって神は天幕に住んで民とともに移動する神、民とともにいて直接に民を指導する神であり、固定された神殿に安住して、代理人（王）を使って民を統治する神ではなかった。しかし、現実には王制は樹立され、そして王は自らの権威を神によって正統化してもらうことを求める。ダビデの子ソロモンは神殿建築を強行し、自らが「神の子」であると流布した（サム下七11-16）。

古いヤハウェの聖所に仕えた預言者アヒヤがヤロブアムの叛乱に加担したのは、ソロモンがイスラエル人に強制労働を課したことが、「神のみが王」という理念に抵触したからであろう[4]。アハブ王が

農夫ナボトの殺害を正当化した根拠は、妻イゼベルの「あなたこそ、今、イスラエルの上に王として支配しているのではないですか」（王上二一7）という言葉であった。人間の王は私利私欲のために支配下の人間の土地も命も奪ってしまう。それが人間による人間支配の現実である。アハブに対してエリヤは、「私が仕えるイスラエルの神ヤハウェは生きておられる」（王上一七1）と言う。神こそが真の「王」なのであり、そしてその神は「生きている」。不当な人間支配は赦さないというのである。この王制に対する批判、人間による人間支配にともなう社会的不正を認めないという理念こそが後に続く預言者たちの活動の源泉だったのであり、それが審判預言を生んだのである。

これに対して救済預言には、ダビデ王朝イデオロギーが色濃く反映されている。イザヤの終末論には、理想的な、しかし人間の「王」の待望が含まれている。エレミヤとエゼキエルの救済預言も、ダビデ系の王によるイスラエル再興が明言されている。イザヤのエルサレム中心主義――それは、ソロモンによる神殿建立ゆえの「神の都」という意味づけに由来する――は、第二イザヤの救済預言に受け継がれている。

すなわち、審判預言は王制に反対する理念の系譜に、救済預言はダビデ王朝の王権神授の系譜に属するのである。前者は人間の不完全さ、愚かさ、あるいは悪い思いを「神」という象徴の前に確認する思想――人間の被造性を確認するので「創造論」――をもつのに対し、後者は「神」の完全さがいつか理想的な形で人間にも実現するという思想――未来の完成を展望するので「終末論」――につらなると言えよう。これ以降の古代ユダヤ史において、この二つの思想は対立・競合しながら展開され

ていくことになる。

3 モーセ五書

聖書の配置の順とは異なり、冒頭に置かれているモーセ五書は預言者たちの活動よりも後に編纂された。それゆえモーセ五書には預言者たちの思想が反映されている。[5]

モーセ五書は全体としてはイスラエル民族史であるが、冒頭に人類の原初史（創一―一一章）が置かれ、それにイスラエル族長物語（創一二―五〇章）と出エジプト物語（出エジプト記―申命記）が続く。五書の難問とされるのは、なぜ冒頭に人類史があるのか、なぜ約束の地に入る前で終わるのかという二点である。

後者の問いを解く鍵は、「金の子牛像事件」（出三二章）と「四十年の荒野放浪物語」（民一四章）にあるだろう。「金の子牛像」はヤロブアムが北王国の王になったときに建てた金の子牛像（王上一二25―33）を暗示している。それはイスラエル背教の象徴とされ、王国滅亡の原因を偶像崇拝に求める考えと結びついていた。[6]「四十年の荒れ野放浪」は、反抗する民に神が怒り、出エジプト時点で成人だった者すべてを荒れ野で滅ぼし、約束の地に入れるのはその子どもたちとする物語であるが、これはバビロン捕囚の出来事と重ね合わせられている。出エジプト物語は、民の背教ゆえの王国滅亡とバビロ

ン捕囚を先取りする形で物語っている。そうすることで、モーセ五書の物語上の出エジプトの民の子どもたちと捕囚からイスラエルの地へと帰還してきたモーセ五書の読者を重ね合わせているのである。かつて先祖は神に逆らい、国を失った、今度こそは神の教え――トーラー＝モーセ五書に書かれた律法――にしたがって生きよ、と。

では、律法とは何か、何のためにそれを守るのか。律法とは、かつてエリヤやアモスのような預言者たちが望んだように公義と正義を実現することであり、そうすることでいつか諸民族に分かれている人類がヤハウェのもとに再統合されるためなのである（出一九3-6）、かつて第二イザヤが預言したように。それを示すために五書の冒頭に人類の原初史が置かれたのである。そこでの人類は、繰り返し罪を犯し、最後には言語が乱され、複数の民族に分かれてしまったものとして描かれる。諸民族に分かれ、互いに戦争を繰り返す人類、その戦争の犠牲となったイスラエルこそ人類の再統合のために神に選ばれた民なのだ。そのように物語ることで、モーセ五書はイスラエル民族アイデンティティを再確立しようとしているのである。

モーセ五書は、前五世紀末から前四世紀初頭のころにエルサレムで最終編纂されたと思われるが、その物語上の舞台のほとんどはディアスポラ（パレスチナから見た外国）に設定されている。エルサレムや後のダビデ王への暗示はあるが、ダビデ王朝イデオロギーは前面には出てこない。これにはすでにダビデ家が断たれ、大祭司が支配者として君臨していたということが反映しているだろう。*かつて第二イザヤはダビデの役割をイスラエルの民が担うようになることを期待していたが、モーセ五書は

民に「祭司の王国、聖なる民族」（出一九6）となるよう命じている。祭司の役割は神と一般人の仲保者である。イスラエルの民は、神と諸民族の間にあって仲保者としての役割を担うのであり、それは神の与えた律法にしたがって、社会正義を実現することによって果たされる。人間の王を立てるのではなく、トーラーという神の教えを自らの支配者とする、そうすることで世界人類にいつか平和が訪れることを待つ、それがユダヤ民族の生き方だというのである。モーセ五書は、審判預言の系譜と救済預言の系譜の両方を取り入れつつ、ダビデ王朝イデオロギーを巧みに外していると言える。

＊ ダビデの家系が断たれた背景には、前五二〇年ころに起きたと想定されるゼルバベルのダビデ王朝復興運動の失敗があった。これにより、ユダヤ人の支配権は大祭司に移ることになった。拙著『宗教の倒錯』前掲、七一―七二頁参照。

しかし、モーセ五書最終編纂者の意図はどうあれ、それを発布した大祭司は、自らの地位を正統化する道具として五書の権威を利用した。五書の発布とともに、「預言の終わり」が宣言された[7]。これ以降、ユダヤ教に預言者は現れない――終末時に現れるメシア的存在を別として。もはや神の名のもとに預言者として為政者（大祭司）を批判することはできない。これが後のユダヤ教に偽書を量産させ、またセクト運動が展開する原因となる（後述）。

4　預言者の功罪

為政者・権力者による社会不正に対する預言者の批判はいつの時代にも必要なものであり、審判預言も同時代人への警告としては有意味たりうると言える。しかしながら、それが「書かれた」ことで、事後的な意味づけに利用されることになってしまった。天災・人災（戦争）は「天罰」として意味づけられ、そこで死んだ人・殺された人、個々人の〈いのち〉が民族主義的・全体主義的「意味」に一括りに回収されてしまう。

また、アモスの言う公義と正義を実現するための「選民」という民族意識は、「民族」なるものがあると信じられている限りそれなりに有意味でありうるが、それは容易に「民族主義」へと絡め取られてしまう危険性をも併せ持つ。

救済預言については、なるほど世界平和は望ましいに違いないが、特定民族（のメシア）が上に立つ「平和」は「人間支配」でしかない。預言者はきわめて直接的にイスラエル民族による世界支配を展望しており、それに比べるとモーセ五書は抑制的と言える。キリスト教には五書を否定し預言者を崇める傾向があるが、そのことはキリスト教の暴力性――宣教という名の強制的な改宗運動や、キリスト教の価値観の世界への押し付け――の淵源となっている。

しかし、審判預言の源流に位置づけられる「神のみが王」という理念は、人間による人間支配を否定する思想であり、それは「神の代理人」の支配を容認するわけではない。

預言者の審判預言と救済預言は、民全体に対する応報思想となった。それは「罪人」の滅びをともなう「義人」の救いという思想へと容易に転回する。モーセ五書が聖典として受け入れられ、そこに書かれた律法を守ることがユダヤ人にとって当然の規範にされると、律法を守る者と守らない者とに人間が二分される。それは個人レベルでの応報思想へと結実していく。しかしながら、現実には律法を守っている者が幸福になるとは限らず、悪人に見える者が幸福だということはよくあることである。ここにいわゆる「神義論」の問いが生じ、それに対する回答が知恵と黙示へと発展していく。[8]

第三章　創造論の系譜

前章第2節末尾に記したように、創造論は王制に反対する審判預言の系譜に属する。これは「神のみが王」という理念に由来するものであり、人間による人間支配を認めないという思想にもとづく。そこには、人間の不完全さ、愚かさ、あるいは悪い思いを抱える人間存在の限界を「創造神」という絶対者の前に確認する、人間についての洞察が含まれている。人間の不完全さや愚かさは、人間の知識や知恵の不十分さとかかわる。それゆえ、創造論の思想系譜は、知恵文学の中に見出される。

「知恵」は普遍的な教えであり、格言や人生訓として世界のどの文化にもみられる。歴史的な出来事への言及を欠くのが通例である。聖書にも一般的な知恵がみられるが（王上三章、五9－14など）、時代とともにユダヤ教的な特徴をも具えていく。

本章では、人間による知恵の獲得とその帰結を物語る原初史と知恵文学と呼ばれるヨブ記、コヘレトの書を概観する。

1　原初史物語（創世記一―一一章）――知恵と罪

原初史は天地創造と「善悪を知る木の実」を食べた後の人間の悪を問題にする。それゆえそこには人間の「知恵」をめぐる議論が展開されている[1]。まず、天地創造物語は人間の創造にきわまる。

創一27-28a「神はかれのかたちに人を創造した。神のかたちにそれを創造した。男と女に彼らを創造した。そして神は彼らを祝福し、そして神は彼らに言った、『産めよ、増えよ、地に満ちよ。そしてそれ（地）を従わせよ』」。

この記述の背後には、古代エジプトで「王」が「神の似姿」「神の子」とされていたことに対する批判がある。人間は「男と女に」、とはすなわち性別や社会的地位とは無関係に一人一人が、「神の似姿」として尊厳ある者として創造されたという。この箇所はいわゆる天賦人権説の根拠とされるが、ここには王制に対する批判が込められている。一人一人が神の似姿であるからには、人間による人間支配は認められないのである。

神の似姿としての人間には、「地を従わせる」という役割が与えられる。天地創造とは神による自

然界の秩序づけなのであるが、その秩序保持が人間の役割とされる。自然界の秩序と人間界の倫理的秩序は連動していると考えられているので、人間の役割は倫理的に秩序を守ること、神の戒めにしたがって生きることとなる。しかし、これ以降の物語は、人間がこの務めを果たさなかったことを物語る。

失楽園（創三章）は、最初の男女が「善悪を知る木」からは食べてはならないという禁令を犯す物語である。女が禁じられた木の実を食べた理由は、それを食べると「神のように」なると蛇に唆（そそのか）されたからであった（三5）。「神のように」なるとは、人間が自他の支配者になることへの欲求である。それゆえ女への罰として男が女を「支配する」ことになった（三16）。知恵は「王」――特にソロモン――の属性とされていた（王上三4-14、五9-14）。箴言、コヘレト、知恵の書は、作者がソロモンであるかのように見せかけている。しかし、ここでは人間が知恵を得ることは「神のように」なろうとすること、人間の傲慢さの象徴として物語られている。すなわち、ここにも王制に対する批判が込められているのである。

なお、「おまえは顔の汗をもってパンを食す、おまえが大地に帰るまで。なぜならそこからおまえは取られたからだ。まことにおまえは塵（ちり）である、それゆえおまえは塵に帰る」（創三19）という記述ゆえに、失楽園の物語は人間の罪の結果として「死」が罰として与えられたという解釈がなされるようになるが（ロマ五12、Ⅳエズ七118等）、創世記三章の物語自体は必ずしもこの解釈を支持しない。「生命の木」（創二9、三22）の存在は、それを食べない限り死ぬ運命にあったことを前提している。エデン

の園からの追放は、人が「生命の木」から取って食べられないようにすること、すなわち「神のように」なることのないためであった。「永遠の生命」は神の属性なのであって、人間の分を超える欲求なのである。他方、女は「エバ＝生命」と名づけられ、「生ける者すべての母となったから」（三20）と説明される。これは生命の継承について語っているのであるが、生命が継承されるということにもまた個別の人間の「死」が前提されている。永遠に生きるのであれば、子どもを産む必要はない。人間は「神のように」なることを欲するが、それは被造物としての人間の分を超えた欲求なのであり、その願いはかなわない、分をわきまえよ、と作者は言うのである。

続くカインとアベルの物語は、知恵をつけた人間の嫉妬が引き起こす悲劇――兄弟間殺人――を物語る（創四章）。そしてアダムからノアまでの系図（創五章）を介して洪水物語へと続く（六―八章）。洪水は、地上に人間の悪が増し、神が人間創造を後悔したことによる（六5-7）。動物が人間の悪に巻き込まれるのは、自然界の秩序と人間界の倫理的秩序が連動しているからである（上述）。しかしながら、洪水の後で神は再び後悔する。

八21-九1「『わたしは人のゆえに大地を呪うことはもうしない。なぜなら、人の心の思いは若いときから悪いのだ。わたしはこの度したように生きるものすべてを打つことはもうしない。もはや地の日々のすべてにわたって、種蒔きと刈り入れ、寒さと暑さ、夏と冬、昼と夜は、途絶えることがない』。神はノアとその息子たちを祝福して彼らに言った、『産めよ、増えよ、地に満ちよ』」。

神は洪水を起こしたことを後悔して二度としないという。その理由は「人の心の思いは悪い」ということに気づいたからとされる。そして人間界の倫理的秩序と自然界の秩序の連動は切断されることになった。地上に悪が増し、それをなくすために洪水を起こしたはずなのに、その後では、むしろ悪い思いを心にもつ人間をそのままで生かすことにしたという。ここには「神のように」なることを欲する人間の心にある悪い思いと、それにもかかわらず人間は生かされているという洞察が物語られている。

続くバベルの塔の物語（一一章）は、「頂が天に届く塔のある町」を建てるという人間の傲慢さ――「神のように」なること――が再び描かれる。ここでも人間の知恵の一つである「言語」が問題とされ、それが乱されることで人類は複数の諸民族に分離することになる。そしてアブラハムの召命記事とイスラエル民族史が続く。

以上、原初史は倫理的秩序保持を命じられた人間が知恵を得、それゆえに繰り返し悪を行うことが描かれる。人間が知恵を誇ることを「神のように」なろうとする傲慢さとして批判し、人間の知恵はむしろ人間に「悪い思い」を抱かせるものとして描かれる。しかし、そうした「悪い思い」を秘めた人間を、神はなおそのままで生かそうとしているという。ここには、人間の知恵の限界、人間存在の不完全性・相対性とそれにもかかわらず生かされて在るという人間についての洞察が「創造神」という超越的象徴に照らして表現されている。それは、審判預言の源流にあった「神のみが王」という理

念、人間による人間支配を認めないという思想を創造論から物語っているのである。そしてまた救済預言に内包される終末待望論を否定している。上述のように、モーセ五書には救済預言の系譜に連なる思想も含まれているが、この創造論を取り込むことによって、救済預言に内包される暴力性を抑制したのである。

2 ヨブ記――応報思想への懐疑

箴言（後述）には素朴な応報思想が展開されている。これに疑問を突き付けたのがヨブ記である。[2]主人公ヨブは「完全でまっすぐであり、神を畏れ、悪から離れていた」（一1）。それにもかかわらず、またそれゆえに、神とサタン――「サタン」はヨブ記ではまだ「悪魔」のような存在とはされておらず、地上を見回る御使いの一人である（ゼカ一章、五章参照）の賭け事の対象とされ、全財産と子どもたちを人災と天災で失い、さらには皮膚病に苛（さいな）まれる。それでも、「私は裸でわが母の胎（たい）を出た。だから裸でそこに帰ろう。ヤハウェは与え、ヤハウェは取る。ヤハウェの名は祝福されたし」（一21）と神を呪うことはなかった。[3]しかし、やがてヨブは神の代わりに自分の誕生を呪いはじめる（三章）。誕生日を呪いながら、ヨブは創造の秩序が混沌へ回帰することを願う（三3-10）。それは創造に擬（なぞら）えられた秩序――応報原理――に対する懐疑の表明となっている。

この後、物語はヨブと三人の友人の対話が三七章まで続く（ただし、三二—三七章のエリフの言葉は、多くの研究者によって後代の挿入と考えられている）。ヨブの友人たちは因果応報の原則を結果から推論している。すなわち、不幸がヨブを襲っているからには、ヨブはなにか罪を犯したに違いない、と。彼らは箴言の系譜を体現している。こうした態度は、応報思想についてまわる根本的な問題を露呈している。災難の中にある人に、その原因はその人自身にあるとして、さらなる苦難の中に貶めてしまう。しかし、ヨブは納得しない。友人の問いに答えながら、神に問い続ける。

九17「かれは嵐をもって私を痛めつけ、理由なく私の傷を増やす」。

九20-23「私が義しくても、わが口は私を罪に定める。私は完全だが、かれは私を曲がった者とする。私は完全だが、私はわが魂（=「自分自身」）を知らない。私はわが生を等閑にする。『一つのことだ』、それゆえ私は言った、『完全な者も邪悪な者もかれは滅ぼす。出水が突然（人々を）死なせても、無実の者たちの失望をかれは嘲笑う[4]』」。

一三18-19「さあ、私には訴える用意がある。私こそ義しいと私は知っている。だれが私と争うのか。そのとき、私は押し黙り、息絶えよう」。

ヨブは自分の正しさを確信し、理由なき災難を神に訴える。否、神こそ非倫理的である。それゆえ神を裁判にかけるから、出てこいと言う。

すると神がヨブの前に現れて、天地万物を創造したのは自分であると主張する（三八―四一章）。とりわけ後半では、太古の怪物とされるベヘモットとレビヤタン――創造以前のカオスの象徴――を神が制御していることが語られる（四〇15―四一26）。この神の言葉は、創造の秩序へのヨブの懐疑（三章）に対する応答となっている。被造世界は創造以来、秩序づけられたままである。神に圧倒されたヨブは、「あなたのことは片耳にしてはいましたが、今、わが片眼はあなたを見ました。それゆえ私は（わが生を）等閑にし、塵芥（ちりあくた）について思い直します」（四二5-6）と神の答えを受け入れる。神はヨブに苦難の理由を説明しなかった（できない）――ただし読者ははじめから知っている――が、ヨブは神が自分に現れてくれたことで満足し、むしろ自分の思いを反省している。ヨブは神に会うことを懇願していた（二三章）。そして今や神を「見た」。ヨブは神の配慮を経験したのであり、それは被造世界に対する神の配慮についての言明に対応している。[5] ヨブは自分が理解しえないことを語っていたこと、神のなす不思議については知りえないことを告白する（四二3）。自分の「完全さ」「義しさ」を根拠に苦難の理不尽を神に訴えていたヨブは、神が人間の期待する応報思想の枠の中に収まる存在ではないことを知った。人間は神の前では「塵芥」に過ぎず、自分の生を思い通りにすることはできない[6]（四二6）。そのことに気づいたからこそヨブは神の応答を受け入れたのである。[7]

神はヨブの三人の友人に対し、彼らは「ヨブのように確実なことを語らなかった」（四二7）と怒る。ヨブの友人は、結果から原因を推測して因果応報の神について語ったのだが、それは「確実なこと」ではなかった。人間には神の意思を勝手に推測することは許されないのである。「確実なこと」をも

って神に問い続けたヨブの姿は、神に対して顔を伏せ、弟殺害に至ったカインの姿と対照的である（創四5－8）。

その後、ヨブはかつての二倍の財産・家畜を与えられ、またかつてと同数の息子と娘を与えられた（四二10－14）。しかし、かつては「非常に多くの奴隷」（一3）をも抱えていたが、ここでは「奴隷」を与えられることはなかった。ヨブは神の「奴隷」（一8、二3、四二7、8）であった。それゆえに彼は神に好きなように弄ばれたのだった。一般にヨブ記はヨブの苦難とその訴え、それに対する神の応答に焦点が当てられがちであるが、*ヨブ記作者はヨブ個人の苦難を描きながら、社会問題（天災、人災）が放置されている現状をも告発している。**ヨブはかつての自分が弱者に対して適切に振る舞っていたことを力説するが（三一章）、それはノブレス・オブリージュ（高貴なる者の責任と義務）として実行していたに過ぎず、そうした現状を放置している神を告発する際には、弱者に対してひどく冷淡である（二四章）。金持ちの高貴な者として弱者に上から目線で接してきたヨブは、自ら「奴隷」として、理不尽な強者に襲われる弱者として生きざるを得ない状態を経験した。それゆえ、苦難の後のヨブには奴隷は与えられなかった。奴隷が奴隷であるのはその人の罪の結果ではないし、金持ちが金持ちなのはその人が義人だからではない。ヨブ記作者は奴隷制度に反対している。

＊ 関根正雄『関根正雄著作集第九巻 ヨブ記註解』新地書房、一九八二年、三二一―三二四頁、月本昭男「ヨブ記をめぐる二、三の省察」『聖書学論集』23 、一九八九年、二八一―三〇五頁、並木浩一「神義論とヨブ記」

（第二章巻末注（8））などを参照。多くの研究は、最後の神とヨブの対話から直接的な弁神論を展開するか、ヨブ記の描く神を否定して終わってしまう。しかし、著者も読者もヨブの苦難の理由（神とサタンの賭け事）を知っている。そのことを踏まえた上で、さらにヨブ記作者の思想は問われるべきである。

** 二二、二四章で集中的に言及されるが、全体に「強者」「貧者」「孤児」「寡婦」「奴隷」「日雇い人」「嵐」「洪水」などの言葉が散りばめられている。

ヨブ記は、ヨブが娘たちにも相続財産を与えたこと（四二15）、ヨブがその後百四十年生きたこと（四二16）、幸せな最期の日々だったこと（四二17）に言及して閉じられる。娘への財産分与は律法規定に合わない。* またヨブがその後百四十年以上生きたことは、モーセ五書に記された人間の寿命であり（創六3）、モーセ自身の生涯である百二十歳（申三四7）を超えたことを示している。ここにはモーセ五書を絶対視するあり方に対する揶揄がある。それが律法遵守の如何を応報思想と結びつける根拠とされていたからである。

* 申二一17によれば、長男が三分の二を相続する。娘が相続できるのは他に相続人がいない場合に限られる（民二七1-11）。

ヨブ記は、神義論を応報思想で説明することを問題視する。応報思想は、結果から原因を推測する

ことで、苦難の中に在る人をさらなる苦難に貶めるだけでなく、神を人間の（倫理的）価値基準の中に閉じ込めてしまう。それゆえ神名「ヤハウェ」は論争部分（三―三七章）では用いられていない。そこで語られているのは、人間が勝手に作った「神」であって、真の神たる「ヤハウェ」ではないというのである。ヨブ自身も論争中は応報思想を前提にし、また不当を訴える根拠としていた。神との対論を経たヨブは自分の訴えを取り下げるが、しかしヨブ記作者は応報思想を全面的に放棄してはいないように思われる。もともとヨブが金持ちだったのは、ヨブの「完全さ」に対する応報であったし、ヨブの試みの後には二倍の報酬が与えられている。ヨブ記作者は、応報思想を全否定できず、曖昧な不可知論にとどまっているようである。応報思想は現実に合わないし、それを教条化すれば弱者をさらに追い詰めてしまうという問題はあるが、他方、応報なしには道徳の基盤が失われてしまう惧れもある。ヨブが「完全」だったのは悪い報酬を与えられることに対する「怖れ」（5、三25）ゆえであった。ここにはヨブ記作者の思想的限界があるように思われる。人が倫理的に生きるのは、応報を求め、また怖れるからだけではない。愛――愛されること、愛すること――こそが倫理の基盤ではなかろうか。

さて、冒頭に設定された神とサタンの賭け事はどちらが勝ったのだろうか。ヨブは論争の間、自分の「完全さ」を根拠に不当を訴えていたのであり、応報思想を前提にしているのであるから、表面的にはサタンの勝ちであるが、ヨブが神を呪わず、問い続けたがゆえに結果的には神も勝ったことになる。サタンはヨブが「理由なく」神を畏れるだろうかと賭け事を持ち掛けたのだが（一9）、ヨブが求

めたのも、なぜ「理由なく」苦しめられるのかという問いへの答えであった（九17）。苦難の理由や人生の意味を求める主体は「自我」である。自我は無意味な人生に耐えられない。実際、ヨブは「完全」とされているにもかかわらず、奴隷を持ち、自分を奴隷とは異なる高貴な人間と思い上がり、それゆえに奴隷状態を受け入れられず、自我を押し通して自分の「義しさ」を訴え続けたエゴイストである。他方、神はヨブの「完全さ」に報酬を与え、サタンに唆（そそのか）されてヨブの人生を弄（もてあそ）んだだけでなく、ヨブの周りにいた人間を殺してしまう――彼らはヨブの「完全さ」の犠牲者以外の何者でもない。そしてサタンとのお遊びに利用したヨブに最後には倍の報酬を与えている。この神は、お人好しだが間抜けな暴君のようであり、聖書に描かれる大国の王の姿と重なる――エステル記のペルシア王や族長時代のファラオなど。[8] したがって、「神が不当だ」というヨブの告発はある意味で正しい。「ヤハウェ」という神名が用いられている枠部分もまた、人間の作り出した「神」に過ぎない。*

＊　並木「神義論とヨブ記」（前掲）一六五―一六六頁は、ヨブ記に「人間の苦難にコミットする神」「悪の現実の中で、それに支配されない主体的な人間を求め、鍛えようとする神の配慮」を見出すとするが、ヨブの「完全さ」を試みるために周りの人間の虐殺を容認する神にそのような「配慮」を見出すことは難しい。

ヨブの「完全さ」は、「天の下のすべてはわたしのものだ」（四一3）と威張る神を畏／怖れる「宗教的敬虔」という視点からの判断であろう。しかし、こうしたヨブと神の描写は、「宗教的敬虔」と

いうものの危うさ、うさん臭さを暗示している。自我充足のための宗教的敬虔は、結局のところ、本人も周りの者をも幸せにはしない。「完全さ」や「義しさ」は、人間には到達しえない。

ヨブ記作者は「神のみが王」という理念の系譜に属するが、その「神」を人間の王のようなイメージで捉える有り様を滑稽話として戯画化する。ヨブに自らを重ね、神義論を問う人間、人生の意味を求める「自我」にとって神は暴君として立ち現れる。しかし、「塵芥」に過ぎない存在であること、意味の有無とは無関係に生かされて在ることを自覚した「自己」にとって、神は創造主なのである。そして、この創造主たる神こそ倫理の根拠をなす愛の根源である——ただし、ヨブ記ではそれは十分には展開されない。ヨブを「完全」と称しながら、却ってその不完全さを露わにするヨブ記作者は、創造論から人間の相対性を物語る原初史の思想を、苦難という側面から展開したと言える。

3　コヘレトの書——神義論の放棄

コヘレトの書は、プトレマイオス朝エジプト支配下（前三世紀）のパレスチナで書かれたと考えられる[9]。この時代のパレスチナには、大国支配とそれに迎合する為政者に対する反感から黙示思想が生まれていた（後述）。黙示思想はヨブが問うたような神義論的問いに対して終末論的回答を求めた。すなわち、やがてこの世は終わり、新しい世界が現れ、その時には地上での振る舞いがそれぞれに応

報される、と。こうした状況下でコヘレトは、不可知論を徹底し、神義論を放棄することで、却って神への信頼を保持しようとした。

コヘレトは、箴言同様に、語り手がソロモンであるかのように見せかけている（コヘ一1）。しかし、その王は「空の空、いっさいは空。陽の下で労苦する人のあらゆる労苦に何の益があろう」（一2－3）と嘆く。この空しさの理由は、自然界は永続するのに人間の世代は次々と交代し、新しいことは何も起きず、過去のことは忘れられてしまうからである（一4－11）。ユダヤ教の中心には、歴史に介入する神という信仰があった。アブラハムの選びも出エジプトもバビロン捕囚も、神が歴史に介入した出来事であり、それは記憶にとどめられるべき事柄のはずであった。しかし、コヘレトはそういう歴史的出来事に価値を認めない。それは繰り返される歴史の一コマに過ぎないというのである。

王を演じる語り手は、知恵も（一12－18）、快楽も（二1－11）空しいという。なぜなら、知者も愚者も最後には死んでしまうのだから、と（二12－17）。死については人間と動物の間に違いはない（三18－22）、死後のことはわからないし（三22）、死者には何の報いも分け前もないという（九5－6）。

死後の報酬という黙示思想の期待を否定するコヘレトは、応報思想そのものを否定する、「その義のゆえに亡びる義人がおり、その悪ゆえに長生きする悪人がいる」と（七15）。義し過ぎることも悪過ぎることも「神を畏れる者」のすることではないという（七16－18）。善悪・賢愚は相対的なものであり、そもそも「地上に義人はいない」のだから、と（七20）。

応報思想を否定するコヘレトは、神義論そのものを放棄する。「人は自分に優る方を訴えることは

できない。言葉が多ければ、空しさが増す」（六10‐11）とヨブを揶揄し、「神の業を見よ。かれが曲げたものを、だれがまっすぐにできよう。幸いな日には幸いであれ。不幸な日には（それを）見よ。神があれもこれも作ったのだ、人間が後のことを何一つ見出さないように」（七13‐14）という。幸も不幸も神が作ったのだから、人間にはどうすることもできないのである。

ヨブの訴えを空しいと一蹴し、神義論を放棄するコヘレトは、不可知論を徹底する。コヘレトは言う、「（神は）すべてをその時機に美しく作り、それらの中心に永遠をも与えたが、人は神のなす業をはじめから終わりまで見出すことはない」（三11）、「神のなすことすべては永遠のものであると私は知った。……神が（そう）したのは、彼らがかれの前に畏れるためである」（三14）。神は幸も不幸も、その時機に美しく、しかし永遠の相のもとに作ったのであり、人間にはその永遠のはじめから終わりまでを知ることはできない、つまり出来事の意味を知ることはできないのである。そうした限界を抱える人間にとっての幸せは、「生涯の間、喜んで幸いを作ること、そしてまた、すべての人が食べて飲み、その労苦のすべてに幸いを見ること」であるという（三12‐13）。「空の空、いっさいは空」と語るコヘレトは、飲み食い、妻との生活、労苦の中に、とはすなわち、人が生きるために生きる在り方――飲食、家庭生活、社会生活――に幸いを見る。[10] それこそが「神の贈り物」（三13）、人間の受ける「分け前」（三22、五17、18、九9）なのであり、そのような生こそが「神を畏れる」（三14、五6、七18）ことなのだ、と。

コヘレトが理想の王とされた「ダビデの子」を演じたのは、およそ人間の望むことすべてを叶えて

もなお「空しい」ということを強調するためであった。そのことは、人間の望むことが空しいということを意味する。人間の望むもの、知恵・快楽・富・名声、あるいは人生の意味、それらを求めるから空しいのである。「あらゆる労苦に何の益があろうか」とコヘレトは嘆くが、「益」と訳されたヘブライ語イトロンは、「余剰、あまり、おまけ」を意味する。人間は人生の「あまり」や「おまけ」を求め、人生の本体を見失っている、だから空しいのだ。人生の意味を求める主体は自我であり、自己を喪失してエゴイズムに陥っている。人生の本体とは、飲み食いであり、家族との暮らしであり、苦労をともなう労働それ自体である。それが神からの人間への贈り物なのであり、それをそれとして受け入れる生き方が「神を畏れること」、神への信頼（信仰）なのである。富や人生の意味といった「おまけ」を求め、与えられた生を蔑ろにすることが「空の空」、神を畏れない不信仰をもたらす。神から与えられた、ただ生きるという「分け前」を、与えられた〈いのち〉を、十全に生きること、神に生かされて在る人間の分を弁えること、それが神に信頼して生きる人間の幸いなのだ、とコヘレトは言う。

人間の限界と、それにもかかわらず生かされて在る〈いのち〉を語るコヘレトは、「神のみが王」という理念を創造論から語る思想の系譜に属する。しかも、他者としての「王」だけでなく、自らが自らの「王」たろうとする生き方、自我に支配されたあり方をも否定することで、「神のみが王」という理念を徹底している。ここにこの理念の到達点を見ることができるとともに、仏教思想との近似性をも見出すことができよう。

〈いのち〉が与えられたものであることに気づくとき、人は愛されていることを知る。愛されていることを知る時、人は自分を愛することができる。自分を愛する者は、他者を愛する。ここに倫理が生まれる。コヘレトは、きわめて否定的な言語を用いながら〈いのち〉を肯定し、失われていた〈神〉のリアリティを取り戻そうとしている。そこにこそ、応報なしに、人間の倫理——共生への志向——は根拠づけられるのである。

第四章　終末論の系譜——預言者、知恵文学、黙示思想

第二章第2節で述べたように、終末論は救済預言の系譜に属する。これは、神の完全さがいつか理想的な形で人間にも実現するという思想にもとづき、しばしばダビデ系の王（＝メシア）による理想的な統治や（新しい）エルサレムが世界の中心になるという願望が投影される。救済の対象となるのは、全世界であったり、イスラエル民族であったり、特定の人間集団であったりさまざまであるが、新しい理想状態が生まれることを期待するがゆえに、古い秩序の滅び（裁き）が言及されることも多い。この点で審判預言を含むように見えることも少なくないが、上記の創造論につらなる審判預言が社会正義を求めて為政者を批判することに主眼を置くのに対し、終末論の系譜は理想状態の実現に主眼が置かれる。すべての人が理想状態に達するのは難しいので、終末論は人間を救われる「義人」と裁かれる「罪人」に二分する二元論へと発展していくことになる。

終末論は、南ユダ王国の預言者たちに端を発し、知恵文学を経由して黙示思想へと結実する。本章

では、前八世紀のイザヤ書から前二世紀の夢幻の書（Ⅰエノク八三―九〇章）までの諸文献を概観する。

1　預言者

1-1　イザヤ、エレミヤ、エゼキエル

上述のように（第二章第1節）、現実の王に絶望した晩年のイザヤは終末後の理想状態を語るようになる。

イザ二2-4（／ミカ四1-4）「日々の終わりに、ヤハウェの家の山は山々の頭として堅く立ち、諸々の峰よりも高くそびえる。国々すべてはそこへと流れ、[3]多くの諸民が来て言う、『さあ上ろう、ヤハウェの山に、ヤコブの神の家に。そうすればかれはわれらにかれの諸々の道を教えるだろう。そしてわれらはかれの諸々の途を歩もう』と。なぜならシオンから教えは出る、ヤハウェの言葉はエルサレムから。[4]かれは国々のあいだを裁き、多くの諸民に判決を下す。彼らは剣を打ち直して鋤とし、槍を鎌とする。国は国に向かって剣を挙げず、再び戦を学ぶことはない」。

ここでは、冒頭に「日々の終わりに」とあるように、現在進行形の歴史と何らかの形で断絶した新し

い秩序世界が夢想されている。4節後半は世界平和を願う有名な箇所ではあるが、戦いがなくなるのは、世界中の国々がヤハウェを受け入れ、ヤハウェの教えを乞うためにエルサレムに来て、その道に従って歩むときのこととされる。世界平和は望ましいに違いないが、全人類がヤハウェを受け入れるという条件づけは露骨な民族主義の表現であって、むしろ争いの種を蒔くことになる——今なおエルサレムは争いの火種であり続けている。

イザ一一1-10「エッサイの根株から蘖が出で、若枝がその根から育つ。[2]その上にヤハウェの霊が安住する、知恵と分別の霊、思慮と勇気の霊、ヤハウェを知り、畏れる霊。[3]彼はヤハウェを畏れることを欣び、その目が見るところによって裁かず、その耳が聞くところによって判決を下さない。[4]義をもって貧しい者たちを裁き、公平をもってこの地の虐げられし者たちのために判決を下す。その口の笏をもって地を打ち、その唇の息をもって邪悪な者を死なせる。[5]義が彼の腰帯となり、信実が彼の胴帯となる。[6]狼は子羊と共に宿り、豹は子山羊と共に伏す。子牛と若獅子と肥畜は一緒にいて、小さな少年がそれらを導く。[7]雌牛と熊は一緒に草をはみ、その子らは伏す。獅子は牛のように藁を食す。[8]乳飲み子は毒蛇の穴に戯れ、蝮の巣に乳離れした子は手を伸ばす。[9]わが聖性の山すべてにおいて、それらが悪をなすことはなく、滅ぼすこともない。水が海を覆うように、地はヤハウェを知ることに満たされるからだ。[10]その日になれば、諸々の民の旗印として立つエッサイの根、彼を国々は追い求め、彼の安らぐところは栄光(に輝く)」。

エッサイはダビデの父であるから、エッサイの根株から出でる「蘖（ひこばえ）」は、ダビデ系の理想的な王のことである（1節）。その王にはヤハウェの霊が「安住する」*のだが、その霊は「知恵と分別の霊、思慮と勇気の霊、ヤハウェを知り、畏れる霊」と説明される（2節）。「知恵、分別、思慮、知る」は、知恵にかかわる神の属性であるが、それが人間に与えられることで、その人間が神のように、神の代理として、理想的な存在になることができる。ここには、創造論の系譜に見られた人間の得た知恵に対する懐疑——知恵を得たにもかかわらずの、否それゆえの、人間の不完全さ、愚かさについての洞察——はない。理想的な王は、義と公平をもって裁きを行うことができ、また布告を出すだけで（「口の笏」「唇の息」）、世界を裁き（「地を打ち」）、邪悪な者を殺すことができる（4節）。そうした王の判断は、「義」であり「信実」であることに疑いの余地はないという（5節）。このような王が現れる時には、自然界にも異変が起きる。肉食動物と草食動物は共に草を、植物のみを食し、子どもと毒蛇も共生する**（6-8節）。こうした事態は現在の歴史とはやはり断絶した新しい世界であり、その意味で終末論を内包している。そして、その理想的な世界の中心にあるのが「神の聖性の山」たるエルサレムであり（9節）、世界の国々はエルサレムにいるダビデ系王を追い求めてやってくるという（10節）。ここにはきわめて露骨なダビデ王朝イデオロギーにもとづく民族主義の理想が描かれている。

＊　原語はナハーで、原義は「休む、住む」。後半（6節以降）の終末論的な描写からすれば、もはやヤハウェの

霊は他の場所に移動することなく、この王の家系に永住することになる。

** 創一29-30は、人間が罪を犯す前は、人間もすべての動物も「青草」のみを食物としたとする。すなわち、すべての生き物がベジタリアンであることを理想とする。創世記の執筆の方がイザヤの活動より遅いと考えられるので、創世記の編纂者はイザヤ書のこの理想状態を知っていたのかもしれない。

同様のことは、エレミヤにもエゼキエルにも言える。

エレ二三5-6「見よ、このような日々が来る、とヤハウェは告げる。わたしはダビデのために義しい若芽を起てる。彼は王として支配し、弁えてこの地に公正と正義を為す。彼の日々にユダは救われ、イスラエルは安らかに住む。彼の名は、『ヤハウェは我らの義』と呼ばれる」。

エゼ三四23-24「わたしは彼らのために一人の牧者を、彼女たちを牧するためにわが僕ダビデを起てる。彼は彼らを牧し、彼は彼女たちの牧者となる。そして、わたしヤハウェは彼らの神となり、わが僕ダビデは彼らのただ中で指揮官（ナスィー）となる。わたしヤハウェが（そう）語った」。

エレミヤとエゼキエルも、イザヤ同様にダビデ系の理想的な王の登場を夢想している――これらがいわゆるメシア待望論となり、キリスト教を生み出すもととなる。こうした希望は、いつか人間は完全な状態になれるという終末待望論となっていくのであるが、その根本には人間の「完全さ」への憧憬、

すなわち「神のように」なることへの欲求があるのであり、それゆえ「神のように」なった（と見なされる）人間——理想的な王——による人間支配を容認することになる。

1-2　第二イザヤ

第二章第1節で触れたように、第二イザヤは排他的唯一神を明言した最初の預言者である。

イザ四五22「わたしに顔を向けて救われよ、地の果てのすべての者よ。なぜならわたしが神であって、他にはいないのだから」。

世界にはヤハウェというイスラエルの神しかいないということを宣言してしまったからには、世界中の諸民族、全人類の救済もこの神のはたらきにしないわけにはいかない。唯一神ヤハウェは、第二イザヤによって世界救済の神へと祀り上げられることになった。

五四3「実にあなたは右と左に増え広がり、あなたの胤は国々を所有し、荒れ果てた町々に（人を）住まわせる」。

五五3-5「あなたたちの耳を傾け、わがもとへ来なさい。聞け、そうすればあなたたちの魂は生きる。わたしはあなたたちと永遠の契約を結ぶ、ダビデに対する諸々の信実なる慈愛を。見よ、わたし

は彼（ダビデ）を諸国民への証人とし、諸国民の指導者、司令官とした。見よ、あなた（イスラエル）が知らない国に呼びかけると、あなたを知らなかった国はあなたのもとに駆けてくる、あなたの神なるヤハウェ、イスラエルの聖なる神のゆえに。なぜならかれはあなたに栄誉を与えた」。

イスラエル民族は世界の国々を所有し、世界の国々がエルサレムに集まってくることが期待されている（上記イザ二2-4参照）。世界救済と言えば聞こえはいいが、イスラエル民族（の王）が世界の「指導者、司令官」になるという理想は、民族主義を世界に拡大する覇権主義以外の何物でもない。*

＊ 聖書に散見されるこのような民族主義にもとづく覇権主義を、「普遍主義」と呼ぶ見方もあるが、これは「普遍主義」という言葉の誤用と言わざるを得ない。拙稿「古代ユダヤ教における『民族主義』『普遍主義』『個人主義』――キリスト教への系譜」『キリスト教信仰の成立』前掲、四九―九二頁参照。

1-3 第三イザヤ

第三イザヤにも世界救済の思想が見られる。そこでは異邦人の救いが語られるが、同時に裁きも語られる。

イザ五六6-7「また、ヤハウェに連なり、かれに仕え、ヤハウェの名を愛し、かれの僕（しもべ）となる異国

の子ら、安息日を守り、それを汚すことのないあらゆる者、わが契約を固く守る者たち、わたしは彼らをわが聖性の山へと連れて行き、わが祈りの家で彼らを喜ばせる。彼らの焼き尽くす献げ物といけにえはわが祭壇に受け入れられる。なぜなら、わが家はすべての諸民の祈りの家と呼ばれる」。

ここでは異邦人のイスラエルへの包摂が語られるが、契約を守ることが条件づけられている。

六六16「実にヤハウェは火をもって裁きに臨む、剣をもってあらゆる肉を。ヤハウェに刺し貫かれる者は多い」。

同22―24「実にわたしの作る新しい天と新しい地がわたしの前に立ち続けるように、ヤハウェは告げる、そのようにあなたたちの胤とあなたたちの名も立つ。新月ごと、安息日ごとに、あらゆる肉はわたしの前（エルサレム）にひれ伏す、とヤハウェは言う。彼らは出でると、わたしに背いた者たちの屍を見る。まことに彼らの蛆は死なず、彼らの火は消えることがない。すべての肉にとって彼らは忌むべきものとなる」。

ここでは新天新地の希望が語られるが、それに先立って全人類（「あらゆる肉」）の裁きが語られ、「刺し貫かれる者は多い」とされる。ヤハウェはエルサレム神殿にいて（六六20）、そこに裁きを免れた

「国々」(六六18)、「すべての肉」がやって来て、そして神殿の外で裁かれた人々(「背いた者たち」)の屍を見るという。ここには、ダビデ王朝イデオロギーにもとづくエルサレム中心主義だけでなく、神に従うか背くかという生き方によって、全人類が新天新地で生きる者と裁かれる者とに二分される。これは民族主義にもとづく個別主義であり、後の二元論的世界観の萌芽になったと言える。

以上、救済預言は救済された後の時代を理想状態として描く傾向があり、またそこにはダビデ王朝イデオロギーが色濃く反映している。世界救済という理想状態は望ましいことに見えるかもしれないが、しかし人間世界に理想を実現できるという思想は、それにふさわしい者とふさわしくない者を生み出してしまう。理想的な人間の王という想定は、人間は努力次第で「神のように」なることができるということを意味する。人間の特定の価値判断によって、すべての人間が「義人」か「罪人」に二分されてしまう。そして理想が実現するためには、理想にそぐわない人間の抹殺が要請される。これこそが人間による人間支配の根本的な問題なのであり、人間は「神のように」なることはできないとする創造論の系譜からすれば、それは知恵を得た人間の傲慢さなのである。

2　知恵文学

第二章第3節で触れたように、モーセ五書は預言者たちの活動より後に編纂された。それゆえ五書

には、審判預言と救済預言の両方の要素が入り込んでいる。審判預言は、「金の子牛像事件」（出三二章）と「四十年の荒野放浪物語」（民一四章）に象徴される。それらはそれぞれ北王国と南王国の神に対する民の背きとその罰としての国家滅亡を象徴する。これらが審判預言の実現として表象されているのである。他方、約束の地に入るであろう出エジプトの子どもたちは、捕囚からの帰還民と重ねられている。彼らにはシナイ山で与えられた律法遵守という使命が与えられている。それをとおして「祭司の王国、聖なる民族」としての役目を担い、いつか複数諸民族に分離してしまった人類が創造神のもとに再統合されるのを待つのである。ここに世界救済という救済預言の実現が展望されている。南北両王国の滅亡は、民の罪に対する神の罰と解釈されたのであるが、それは民族レベルでの応報思想ということができる。そして約束の地へと帰還した民は、今や神の律法を与えられ、世界救済のための特別の使命を与えられた。そうなると、今度はユダヤ人個人が律法を守るか否かについて問われることになる。

申二八1-2「もし、あなたがあなたの神ヤハウェの声によく聞き従い、私（モーセ）が今日、あなたに命じるすべての命令を守り行うならば、……[2]……これらの祝福すべてはあなたの上に到来し、あなたに臨む」。

同15「しかし、もしあなたの神ヤハウェの声に聞き従わず、私が今日あなたに命じるすべての命令と掟を守り行わないならば、これらの呪いすべてはあなたの上に到来し、あなたに臨む」。

ここでイスラエルの民は「あなた」と単数形で呼びかけられている。この単数形は二重性を帯びていて、集合的に「民」を表すと同時に、その成員一人一人の個人としてのユダヤ人をも指し示す。民全体が神の律法を守らねばならないのであるから、その成員である個人ももちろんそれを遵守しなければならない。そうなると、ユダヤ人すべての個々人が常に完璧に律法を守るかどうか、守っているとみなされるかどうかが問題になる。すなわち、五書が「神の教え」（トーラー）として布告され、それが民によって受容されたことは、「祝福と呪い」という応報が個別の成員へと向けられる傾向を生み出すことになった。

応報思想は現実とは相容れない場合も多く、それが神義論を生み出す契機となる。前章で見たように、創造論の系譜においては、応報についての神義論は不可知論が答えとなる。しかし、それでは満足できない者たちもいる。義しく生きている者を襲う不条理に意味が与えられないまま放置されることには、納得がいかない。そう思う者たちにとって、救済預言において描かれた終末論は絶好の解決策を与えてくれた。この世の秩序は乱れている、だから神はこの歴史に終止符を打ち、新しい世を創り出すはずであり、そのときにこそ、ついにこの世で理不尽な目に遭った「義人」はそれにふさわしい報いを得るのだ、と。

この世界観には、人間は「義人」になれるという考えが前提とされている。五書の発布以降のユダヤ教における「義人」（および「罪人」）は、当然ながら律法を守ることにかかわる。それゆえ、知恵

文学においては、「知恵」が律法と関連づけられていくことになる。本節では、この系譜に属する知恵文学である箴言とベン・シラの知恵（シラ書）を概観する。

2-1　箴言——知恵の礼賛

律法を守ればよい報酬が、守らなければ悪い報酬が待っているという単純な応報思想を展開したのが箴言である。[1]

三32-33「実に主は曲がった者を忌み、まっすぐな者たちと交わる。邪悪な者の家には主の呪詛、義人たちの住みかをかれは祝福する」。

一三21「罪人たちを災難が追い、義人たちを幸いが報いる[2]」。

ここでは申命記二八章の民全体に対する祝福と呪いが、個人としてのユダヤ人に個別に適用され、ユダヤ人内部が「義人」と「罪人・邪悪な者」に二分されている。[3] こうした勧善懲悪的・順接的な応報思想において、「まっすぐ」に生きるために必要とされるのが知恵である。

一7「ヤハウェを畏れることは知識のはじめ。知恵と躾を愚者どもは侮る[4]」。

二6「実にヤハウェは知恵を与える。かれの口からは知識と英知」。

知恵を与えるのはヤハウェとされ、ここから知恵とトーラーの同一視が指向されるようになる――これは後にシラ書において明言されることになる。


一20「知恵は外で叫び、広場に声を与える」。

同33「私（知恵）に聞く者は安心して住まい、災いの恐れから穏やかでいる」。

二7–9「かれはまっすぐな者たちのために成功を蓄え、完全に歩む者たちのために盾（となる）。公正の路を見張り、かれの敬虔な者たちの道を守る。そのときあなたは悟る、義と公正と公平を、あらゆるよい行路を」。

八22–23「ヤハウェは、その道のはじめとして私（知恵）を造った、いにしえのかれの業の初めとして。太古の昔、初めから私は注がれた、地の初めから」。


さらに知恵は女性として人格化され*、それが自分にしたがうよう人々に呼び掛け、「完全に歩む」こと（「義と公正と公平」）を求める。その知恵は天地創造に先立って造られ、神の創造の業に参与していたと語られる。自然界の規則性に知恵は宿っていると考えられている。ここでは知恵が礼賛されるがゆえに、人間は知恵にしたがう義人とそうでない愚者に分けられてしまう。

八15「私（知恵）によって王たちは支配し、君主たちは義を布告する」。

知恵を全肯定する箴言は、「イスラエルの王、ダビデの子、ソロモンの箴言」（一1）という書き出しで始まる。それゆえ王制に対しては肯定的である。[5] 王たちは、知恵によって義しい統治をしていることにされている。人間の王による人間支配が、知恵によって正当化される。

箴言は、知恵を神に由来する理想的な教えとして、知恵を求め、知恵にしたがうことをよしとする。そうする者は義人となり、良い報いを得、そうでない愚者には災いが訪れるという。神の与える知恵（トーラー）によって人間は「完全に歩む」ことができるのであり、「神のように」なるべきなのである。人間は理想を実現できるし、またそうあるべきとする箴言の思想は、ダビデ王朝イデオロギーに遡る救済預言の系譜に連なる。

* 「知恵」のヘブライ語ホフマーは女性名詞（ギリシア語のソフィアも同様）。新約聖書のヨハネ福音書は、これをロゴス（男性名詞）に置き換えてイエスと同定している（ヨハ一1）。

2-2　ベン・シラの知恵（シラ書）

ベン・シラの知恵は、前二世紀初頭のパレスチナで書かれた。ベン・シラもまた「知恵」を女性として擬人化するが、それをトーラーと同一視するところに特徴がある。[6]

二四1−10「知恵はその魂を讃え、その民のただ中で自賛する。[2]神の集会において彼女はその口を開き、かれの軍勢の前で賛美する。……[6]海の波と全地を、またすべての民と民族を私は統治した。[7]これらすべての中に憩いを求めた、だれの嗣業（しぎょう）に住まおうか、と。[8]すると万物の造り主は私に命じた。わが造り主はわが住まいを定めて言った、『ヤコブに住まい、イスラエルを所有せよ』。……[10]聖なる住まいの中でかれの前に私は仕え、こうしてシオンに私は居を定めた」。

同23「これらすべては、いと高き神の契約の書、モーセがわれらに命じたトーラー、ヤコブの集まりの所有である」。

（ヘブライ語テキストからの私訳）

ベン・シラによれば、知恵は創造の秩序と国々の支配を司るのであるが、神は全世界の中からイスラエルを選び、知恵をエルサレムに住まわせたのであり、その知恵とはイスラエルの民に与えられたトーラーそのものなのである。しかし、全世界を支配する知恵たるトーラーを所有するイスラエルの民は、今は異邦の大国の支配下におかれている。それは望ましい理想状態ではない。それゆえベン・シラは、この世の終わりを夢想する。

三六1−22「われらを救ってください、万物の神よ。[2]そしてあなたへの怖れを諸国民すべての上におかれよ。[3]あなたの手を異邦の民の上に振り上げよ、彼らがあなたの諸々の大能（たいのう）を見るように。

……[8]憤怒を呼び覚まし、憤激を注がれよ。[9]反対する者を屈従させ、敵を追い払われよ。[10]時を速め、定めの時期を臨ませよ。あなたが為すことを誰があなたに言えようか。……[13a]ヤコブの全部族を集め、[16b]かつての日々のように彼らが受け継ぐように。……[18]あなたの聖なる都をあわれまれよ、あなたの安住の住処エルサレムを……」。

プトレマイオス朝エジプトとセレウコス朝シリアの争いと支配を受けるパレスチナにいたベン・シラは、いつか異邦の民が裁かれ、イスラエルの神を受け入れ、そしてイスラエルの十二部族が集結する終わりの時を待望していた。それもまた、エルサレム中心主義を掲げる民族主義的な理想を夢想する系譜に属している。

3　黙示思想――応報思想の終末論的貫徹

前三三三年にパレスチナは、マケドニアのアレクサンドロス王の支配下に置かれる。彼の死後、その帝国は四人の後継者に分割されるが、パレスチナはセレウコス朝シリアとプトレマイオス朝エジプトの争奪戦の場となる（前三二三―三〇二年。いわゆる「ディアドコイの争い」）。自分たちの土地が異国の勢力争いに巻き込まれ、戦場とされるという体験は、ユダヤ人の間にこの世の終わりと新しい世界の

創成という期待をもたらした（終末待望論）。

前三世紀にパレスチナを支配下に置いたプトレマイオス朝は、税金を厳しく取り立てたものの、ユダヤ人の生活習慣については寛容な態度を取った。そうした中、ユダヤ人の為政者のあいだからユダヤ人の伝統的な生活習慣よりもヘレニズム文化を愛好する者たちが現れた（ヘレニスト）。彼らに対抗しようとする保守派の中からセクト（分派）を形成する者が現れてくる。セクトは、自分たちだけが神との契約を守る「義人」であり、それ以外の人間はすべて——出生ユダヤ人も含めて——「罪人」とする思想を構築する。ここに二元論的世界観が確立される。

これ以降、後二世紀にいたるまで、ユダヤ人は複数のセクトに分かれ、互いに対立・競合するようになる——キリスト教もそうしたセクトの一つとして生まれることになる。モーセ五書（トーラー）のもとに民族アイデンティティを再確立したかに見えたユダヤ民族は、再びその揺らぎを経験するのである。[7]

3-1　寝ずの番人の書（Ⅰエノク一—三六章）

3-1-1　堕天使の神話——二元論的歴史観

偽典として知られる『エチオピア語エノク書』（Ⅰエノク）は、五つの書物の集成であるが、その中にはさらに古い書物の一部が含まれている。[8]

Ⅰエノク六—一一章は、ノアにまつわる物語の断片と考えられ、「堕天使の神話」と呼ばれている。

この神話は、創世記の洪水物語の敷衍であり、天使が人間の娘と交わり、巨人が生まれ、その巨人たちが人間に暴虐を行い、人間の叫び声が天に届き、神は地を滅ぼすことにするという話である。ノアの洪水物語の前振り部分（創六1-4）を拡大し、悪の起源を堕天使に求めている。しかしながら、洪水後に起こると期待されているのは、創世記に描かれている物語とは異なり、まったく新しい別の世界である（一〇章）。そこでは、すべての不正と悪行が地上から滅ぼされ、「義の木」が植えられる（一〇16）。そして義人は千人の子をもうけるまで長生きし（一〇17）、どの種子も千倍の実りを生む（一〇18-19）。すべての人間が「義人」となり、すべての諸民族がイスラエルの神を崇めるようになる、と（一〇21）。堕天使の神話はノアの物語を敷衍しているようでありながら、実際には終末後の理想世界を描写しているのである。

この神話の背後には、前四世紀末のディアドコイの争いがあったと考えられる。[9]「巨人」はパレスチナで暴虐を振るうディアドコイを暗示し、終末後に植えられる「義の木」はイスラエル民族を比喩している。大国の暴力に振り回され、自分たちの力ではどうにもならない中で、神がこの世に介入して異民族支配を終わらせ、逆にイスラエル民族が世界を支配するようになることを夢想しているのである。ここに、終わるべき「この世」と終末後に現れることが期待される理想的な「来るべき世」という二元論的歴史観が生まれた。イスラエル民族が世界を支配し、すべての諸民族がイスラエルの神を拝することで世界に平和が訪れることを期待する堕天使の神話は、イザヤおよび第二イザヤの民族主義的な救済預言の系譜に属している。

3-1-2　寝ずの番人の書——黙示思想とセクトの成立　プトレマイオス朝支配下のユダヤ人は、一年三百六十日の太陽暦を採用したようである。しかし、これに異を唱え、一年三百六十四日の暦——毎年同じ日が同じ曜日になるため、祭日を固定化できる——が正当であることを訴える「天体の書」（Iエノク七二—八二章）が書かれた——後のユダヤ教は一年三百五十四日の太陰暦を採用するが、それがいつからかは不明である。著者はそれを主張するために、不死のまま天に挙げられたと信じられていたエノク（創五21-24）を主人公に選び、エノクが天を旅して天体の動きを観察したという物語を創作した。

その後、パレスチナのヘレニズム化が進む中で、堕天使の神話を取り込みつつ、天体の書のエノクに未来を語らせる「寝ずの番人の書」（Iエノク一—三六章）が書かれた[10]。堕天使の神話（六—一一章）に続くその解釈部分（一二—一九章）では、「巨人」が「悪霊」として再解釈され、それに「いけにえを供えさせた」（一九1）ことで堕天使（＝寝ずの番人*）が裁かれるという話になっている。偶像崇拝を断罪する物語だが、その背景にはヘレニストの存在があったと考えられる。

＊　エルサレム神殿では、神殿の灯を消さないよう祭司が交代で夜通し灯の番をしていた。そこからの類推で、天使は星の明かりの番をしていると考えられ、そこから天使が「寝ずの番人」と名づけられている。

これに続いて、死後の霊魂のあり方が語られる（二二章）。そこでは、幸せだった義人、殺された義人、生前に罰せられた罪人、生前に罰せられなかった罪人という四種類の人々の霊魂の置き場が分けられてあり、幸せだった義人以外の「裁きの日」の運命が描かれる。裁きの後、義人たちは、新しいエルサレムに住み、「生命の木」の香りを「骨」に染みとおらせ、地上で長生きするとされる（二五章）。ここでは、「骨」が暗示するように肉体をともなう復活が考えられているかもしれないが、「永遠の生命」は語られない。そして義人たちは、エルサレムにあるゲヘナ（ゲー・ヒンノム＝ヒンノムの谷*）で罪人たちが処刑されるのを見物するという（二六―二七章）。ここではユダヤ思想史上はじめて、死後の霊魂の運命と新しいエルサレムの楽園化、そしてゲヘナにおける裁きの思想が現れている。ヘレニストに反対する保守派であるはずの著者ではあるが、「霊魂不滅」というヘレニズム思想を採り入れてヘレニストの裁きを描いている。

＊「ヒンノムの谷」は、聖書では子どもの人身供犠をともなう偶像礼拝の場として言及されており、そうしたイメージから裁きの場と考えられるようになったようだ。

序論（一―五章）は、「義なる選ばれし者たちをエノクが祝福した祝福の言葉。（彼らは）すべての敵どもが追放され、義人たちが救われる艱難（かんなん）の日に居合わせる」（一1）という文章ではじめられる。著者は、自分の属するグループを「義なる選ばれし者たち」と規定し、彼らは「艱難の日」（終末時の

裁き）に居合わせると考えている。続いてエノクは、遠い未来についての「幻」を見る（一2）。それはエノクにとっては未来の事柄であるが、著者にとっては自分たちの時代にかかわっている。その幻によると、神がその住居から出て、「シナイ山」に降り立ち（一3-4）、「すべての寝ずの番人は怖れ、震え」（一5）、「地は裂け、地上のものはすべて滅び、すべてに対する裁きが行われる」（一7）のだが、「義人たち」と「選ばれし者たち」には恵みがあり、彼らは神に属する者になる（一8）という。ここでは終末時に神が姿を現し、堕天使および全人類が裁かれ、「選ばれし義人たち」だけが救われるとされる。

その後、自然界が神の定めにしたがって運行されていることが強調され（二1―五3）、それとの対比において、著者の論敵が神の命令にしたがわないことが糾弾される（五4-6）。「選ばれし者たち」については、「光と喜びと平安」があり、彼らは「地を受け継ぐ者」となり（五7）、「生涯の間、喜びと永遠の平和の中で長生きする」と言われる（五9）。ここでは、自然界の創造の秩序が律法遵守と並行関係におかれている。著者は律法を守らないことを非難しているので、論敵はヘレニストのユダヤ人である。こうして現実にはユダヤ民族内部の問題に関わっているにもかかわらず、天変地異を伴う堕天使と全人類の裁きという壮大なイメージが描かれ、それと呼応して「選ばれし者」に与えられる救済も世界大のものとなっている。神は「シナイ山」に降り立って裁き、義人は「地を受け継ぐ」。この裁きと救済のイメージは、第二の出エジプトという終末論的待望を表現している。聖書の出エジプト伝承では、「シナイ山」はもちろんシナイ契約の舞台であり、「地を受け継ぐ」という表現はいわ

ゆる「約束の地」（カナンの地）の受領とかかわっている。ここではこの二つの表現が世界大に拡大解釈され、更新されたシナイ契約は全人類の裁きと義人たちの世界支配に関連づけられている。[11]

終末時に裁かれるのは、「選ばれし義人たち」以外のすべての人（と堕天使）である。すなわち、全人類は「義人」と「罪人」に二分され、前者だけが終末後の世界で「地を受け継ぐ」、すなわち新しい世界に生きる。ここには、特定の信条にしたがい、特定の生き方をする者だけが「義人」とされ、それ以外の者を「罪人」とする二元論的人間観が生まれている。そしてそれが裁かれるべき「この世」と救済としての「来るべき世」という二元論的歴史観と結合することで、二元論的世界観を確立させている。これをもって黙示思想の嚆矢とすることができよう。[12] 著者は「義人」を著者のグループに限定しているようであり、ここにユダヤ史上最初のセクト形成（エノク派）を認めることができる。

著者は太古の人物エノクの名を騙（かた）る偽書を執筆し、セクトを形成して論敵であるヘレニストを批判する。彼が実名で神の名のもとに為政者を批判しなかったのは、「預言の終わり」が宣言されていたため（上述第二章第3節）、もはやかつての預言者のように振る舞うことができなかったからである。著者がそれなりの社会的地位を占めていたならば、エノクの名を騙る必要も、この世の終わりを待望することもなかった。もはやこの世の中で事態の改善を望めなくなったからこそ、セクトを作り、自分たちだけが生き残る新しい世界を望んだのであった。黙示思想は、救済の希望を語っているようでありながら、実にこの世への絶望と論敵に対する深い憎悪の帰結なのであり、弱者のルサンチマンの発露なのである。本文書はイザヤや第二イザヤの救済預言の系譜に属するが、それを民族主義的にで

はなく、個別主義的に適用している。その点では、第三イザヤの発展形と捉えることもできよう。

3-2　エノクの手紙（Iエノク九一―一〇八章）

前二世紀に入るとパレスチナはセレウコス朝シリアの支配下におかれる。前一七五年にヘレニズム文化を愛好するアンティオコス四世エピファネスがシリア王に即位すると、ユダヤ人の間で大祭司職の争奪戦が始まり、またヘレニズム化が促進されるようになった。そうした状況下でエノク派は、「エノクの手紙」（Iエノク九一―一〇八章）を編纂した。

その内容から七つの部分に分けられるが、[13] 以下では主要部分をなす「週の黙示録」（九三1-10＋九一11-17）と「手紙」（九二、九四―一〇五章）を取り上げる。

3-2-1　週の黙示録――黙示文学の成立　週の黙示録は、「天の板」に記されている事柄について、それを見たエノクが語るという体裁を取る（九三2）。そこでは、創造から終末までの全世界史が「十週年」に区分されて描写される。各週年は七つの期間に分けられる。* 第一週は「義」の時代とされ、その第七期にエノクが生まれたと言われる（九三3）。ここでは聖書とは異なり、アダムとエバの堕罪やカインの罪は無視されている。第二週に「欺瞞と暴力」が芽生え、「最初の滅亡」（洪水）が訪れる。一人の人（ノア）が救われるが、その後も暴力がはびこり、罪人に対して法が定められる（九三4。創九5-6参照）。第三週の終わりに「義の裁きの木」となる人（アブラハム）が選ばれ、その子孫が以後

永遠に「義の木」になると言われる（九三5）。第四週の終わりには続く諸世代のために「契約」と「幕屋」（シナイ契約）が定められる（九三6）。第五週の終わりには、「栄光の王国の家」（ソロモン神殿）が建てられて永遠にいたると言う（九三7）。実際には次節で「王国の家」は滅びてしまうにもかかわらず「永遠に」と言われているのは、この「家」がたんに実在した神殿を指しているのではなく、終末論的な「神殿」の建立を視野に入れているからであろう（九一13参照）。第六週には、人々はみな「盲人」になり、「知恵」を忘れる。そのとき、「一人の人が挙げられる」。そしてその終わりには、「王国の家」は焼け、「選ばれた根につながる者」は散らされる（九三8）。すなわち、偶像崇拝者の時代になり、エリヤが天に挙げられ、王国は滅亡し、民は捕囚へと連れ去られる。続く第七週では「背教の世代」が起こる（九三9）。そしてその終わりに、永遠の義の木から「選ばれし者」が選ばれ（九三10）、暴力の基と欺瞞の構造が根絶されるという（九一11）。著者にとってシオン帰還以後の歴史は「背教」の時代なのであるが、著者のグループが「選ばれし者」として裁きを行うというのである。第八週では「義人」に剣が渡され、「悪人」に対する裁きが行われ、「大いなる方の王国の家」が永遠の世代のために建てられる（九一12-13）。第九週には義の裁きが全地の子らすべてに啓示され、悪人のあらゆる所業は全地から断たれる（九一14）。第十週の第七期には天使たちに永遠の裁きが下される。そして新しい天が現れて七倍に輝く。その後、人々は永遠に義を行い、罪が言及されることはないという（九一15-17）。すなわち、第八週ではユダヤ人の罪人、第九週では全人類の罪人、第十週には堕天使の裁きが行われるという。

＊　一週年の一期間は七十年と考えられ、そうだとすると、天地創造から終末までは、七十年×七期間（四百九十年）×十週年＝四千九百年ということになる。

著者は、自分たちが第七週の終わりに生きている「選ばれし者たち」であると考え、間近に迫った終末の裁きを期待している。著者の関心は「背教」、すなわちユダヤ人内部の問題であるが、その解決を宇宙大の終末論として展開する。また典型的なセクト的価値観として、二元論的世界観――「義人」と「罪人」、「この世」と「来るべき世」――が表明されている。エノクは天体の書では天体の観察者であったが、寝ずの番人の書で歴史の観察者とされた。世界史を十週年に分ける本文書では、暦（天体）の規則性が歴史に適用され、歴史があらかじめ定められた規則に従って展開するという思弁へと発展している。これは、「黙示文学」（黙示録）と呼ばれる文学作品の典型的な歴史認識として知られているが、本書がユダヤ文学史におけるその嚆矢である。

3-2-2　エノクの手紙――「義人」と「罪人」　エノクの手紙（九二章、九四―一〇五章）は、一貫して困難の中にある「義人」「賢者」を励まし、富裕な「罪人」「愚者」を非難し、裁きを告知する。「罪人」に対しては「禍い（わざわ）」が繰り返し宣言される。「禍いなるかな、不正と暴虐を建て、欺瞞を基（もとい）に据える者たち」（九四6）、「禍いなるかな、その家を罪で建てる者たち」（九四7）、「禍いなるかな、君ら

金持ちども」（九四8）等々。[14]「罪人」が非難される理由は、彼らが富を貪り[15]、不正を行い[16]、「義人」を迫害し[17]、偶像を拝む[18]がゆえである。

本書には「罪人」との対論があるが（一〇二―一〇三章）、「罪人」が自分たちを止当化する際に、コヘレトの書からの借用と思われる表現が見られる。「罪人」は、義人も「運命」に従って死ぬのであって（Iエノ一〇二6／コヘ二14）、「義人の行いになんの益があるか」（Iエノ一〇二6／コヘ三9）と反問し、「食べて飲み」「よい日々を見ること」をよしとする（Iエノ一〇二9／コヘ五17）。これに対して著者は、義人の「労苦への報い」と「分け前」（Iエノ一〇三3／コヘ一3、三9、二二、五17、九9）について語る。これら「運命」「利益」「食べて飲む」「労苦」「報い」「分け前」などの表現はコヘレトに特徴的な用語と一致しており、このことは黙示思想家であるエノク派が黙示思想を批判するコヘレトに対して反論しようとしたことを示唆する。

著者は、地上に罪をもたらしたのは堕天使であるとする寝ずの番人の書を知っているはずであるが、「罪は地上に送られてきたものではなく、人間が自分で生み出したもの」（九八4）であると言う。それゆえ「義人」には、悪の道を離れ、義の道を歩むよう勧告がなされる。

「義の道」とは、「真理の言葉」「永遠の掟」（九九2）、「割り当てられた先祖代々の嗣業（しぎょう）」（九九14）にしたがうこと、すなわち、律法遵守のことである。「嗣業」は、聖書では通常イスラエルの民に与えられるいわゆる「約束の地」を表す語であるが、ここではそれがモーセ律法に適用されている。[19]

「罪人」が栄え、「義人」が迫害されるという現実ゆえに、著者は「大いなる裁きの日」（九四9）や「罪

人たちの艱難の日」（九六2）といった表現で、終末論的な裁きの日に繰り返し言及する。[20] それは終末論的な運命の逆転を期待するものである。その終末論的裁きは、死後の霊魂の運命にかかわるものとして描かれる。「罪人」については、「お前たちの霊魂は黄泉（よみ）にひきおろされ、暗闇と網と燃えさかる炎の中にあって、大いなる裁きは永遠に世々（よよ）に続く」（一〇三7-8）と言われる。これに対し「義人」には、「かつては悪と艱難で疲弊していたが、今やあなたたちは天の光のように輝く。天の門はあなたたちのために開かれる」（一〇四2）と言われる。「罪人」は黄泉において永遠の責め苦を受け、「義人」は「天の軍勢の仲間」（一〇四6）になるという。

エノク派は迫害下にあって苦難の神義論を問うた。その回答は終末論的運命の逆転、すなわち、この世で栄えた「罪人」は終末時に裁かれ、この世で迫害された「義人」は終末時に「天の軍勢（天使）の仲間」になる。こうして応報思想は貫徹される、と。実際、黙示思想とは究極の応報思想なのであり、この世で実現されない応報を終末後の世界に期待することで辻褄を合わせているのである。

3-3 個人の復活への希望

ユダヤ人内部の大祭司職争奪戦が内乱に発展すると、シリア王アンティオコス四世エピファネスはその機に乗じてエルサレム神殿の財宝を略奪し（前一六八年）、さらにはユダヤ教禁止令を発令し、ユダヤ教の習慣を守ることを死刑をもって禁じた（前一六七年）。これに抵抗したのが地方祭司のハスモン家であり、三男のユダ・マカバイが叛乱の指導者となったので、マカバイ戦争と呼ばれる（前一六

七―一五七年）。

ユダヤ教を守ると殺されてしまうという事態は、深刻な神義論的問いをもたらした。この問いに応えようとしたのが、ダニエル書と夢幻の書（Ｉエノク八三―九〇章）である。

3-3-1 ダニエル書――苦難の神義論

ダニエル書は内容上、「宮廷物語」（一―六章）とダニエルの見た「幻」（七―一二章）に分けられる。「宮廷物語」では、異国の王に仕えるユダヤ人――ダニエルおよびその仲間――が異教の環境の中にあっても自らの信仰を保持し、その結果異国の王たちがユダヤ人の神を讃えるという内容になっている。「幻」ではアンティオコス四世エピファネスのユダヤ教弾圧が暗示され、強い終末待望論が展開されている。以下では「幻」からダニエル書の終末論を概観する。

七章では、バビロニアのベルシャツァル王の治世下――バビロン捕囚中――にダニエルが幻を見、天使がその幻を説明するという設定で物語が展開する。* 幻には四頭の獣が現れる。第一の獣は獅子のようであり、鷲の翼を持ち、第二の獣は熊のようであり、第三の獣は豹のようであり、四つの頭と四つの翼を持っていた。第四の獣は鉄の歯、十の角を持っていたが、その角のあいだにさらに小さな角が現れ、最初の三つの角を抜いてしまう。その小さな角には目があり、また口があって大言壮語する（七1-8）。やがて王座が設けられ、「日の老いたる者」がそこに座り、法廷が開かれ、先の小さな角が殺される。そして、「人の子のような者」が天の雲に乗ってその前に着くと、支配権と栄誉と王権

が彼に授けられ、その支配は永遠に続く（七9-14）。天使の説明によれば、先の四頭の獣は四人の王のことであるが、「至高者の聖者たち」が王国を継いで永遠に治めるとされる。第四の獣の十本の角は十人の王、小さな角は最後に現れる王であり、彼は「至高者の聖者たち」を消耗させ、「時と法」を変えようとたくらむ。「一時、二時、半時」（＝三年半）彼の思うままになるが、その後法廷が開かれ、彼は滅ぼされ、王国と支配権は「至高者の聖なる民」に渡され永遠に至る、と（七15-28）。四頭の獣は順に、バビロニア、メディア、ペルシア、ギリシアを指している。最後の「小さな角」はアンティオコス四世エピファネスを指している。彼のユダヤ教弾圧は三年半続くが、やがて「至高者の聖なる民」、すなわちイスラエルの民に世界の支配権が授けられ、その支配は永遠に続くというのである。

＊ 実際の著者は前二世紀に生きていて、バビロン捕囚からマカバイ戦争までの歴史を知っている。その歴史をバビロン捕囚期のダニエルに語らせることで、本書に書かれている預言の確からしさを示そうとしている。このように事が起こった後にあたかもあらかじめ預言されていたかのように見せることを「事後預言」という。この預言の当たっている最後の時代が、著者の執筆時となる。

九章には、メディアのダレイオス王の治世下におけるダニエルの祈りと天使ガブリエルの言葉が記されている。祈り（4-19節）では、民の罪を告白し、神の怒りをおさめるよう願う――この祈りはバルク書（一15―三8）にも類似のものがあり、それが民の共同の祈りから取られたものであることを示

唆している。すると天使ガブリエルが、エレミヤの捕囚の終わるまで「七十年」という数字を解釈して、「七十週（年）」（＝四百九十年）という定めを示し、迫害が終わるまで「半周」（三年半）であると伝える。一一章では、ギリシア時代に入ってからの「南の王」（プトレマイオス朝）と「北の王」（セレウコス朝）の対立の歴史が、マカバイ戦争にいたるまで描かれる。

そして一二章では、終末時の出来事が描写される。

一二1-3「そしてその時機には、大司ミカエルが立つ、あなたの民の子らの上に立つ者として。そして民族ができてからその時機まであったことのない艱難の時機がある。しかしその時機、あの書物に書かれているあなたの民すべては逃れる。[2]そして塵の大地に眠る多くの者たちは目覚める、ある者は永遠の生命に、ある者は恥辱に、永遠の忌避に。[3]そして賢者たちは蒼穹の輝きのように輝き、そして多くの者たちを義へと導いた者たちは、星のように永遠に永久に」。

ここではユダヤ思想史上はじめて、またヘブライ語聖書内で唯一、個人の復活が言及されている。ただし、全人類の復活が考えられているわけではないようである（「多くの者」）。ユダヤ教のために迫害によって処刑された者は復活して永遠の生命を得、この世の命のためにユダヤ教を棄てた者は永遠の恥辱のために復活させられる。さらには、イスラエル史上の特別な「義人」と「罪人」も復活の対象として考えられているかもしれない。復活に際して肉体をともなうかどうかは明確でない。「塵の

を復活の〈霊魂〉は「輝く」のように「星」や「蒼穹」を思わせるが、〈肉〉は目覚めからの「大地」イメージさせる。* いずれにしてもユダヤ教の伝統を守ると処刑されてしまうという神義論的問いに対して、ダニエル書は終末時における個人の復活という回答を与えた。これによって応報思想への懐疑は払拭（ふっしょく）されることになる。

* 前二世紀に遡ると思われる第Ⅱマカバイ記には、「肉体」の復活が明言されている（七章）。復活思想のその後の展開については、拙稿「『復活』と『永遠の生命』への希望・『私の生命』と〈永久なるいのち〉」『福音と世界』二〇〇八年四月号。一二―一七頁参照。

「歴史の終わり」としての終末論と永遠の生命ないし永遠の恥辱という個々人への報いの思想を持つダニエル書が聖典の一つに数えられたことは、その後のユダヤ教に二元論的世界観を広める大きな契機となった。

3-3-2　夢幻の書――歴史と終末論　夢幻の書（Ⅰエノク八三―九〇章）は、エノクが見たとされる二つの幻から成る。第一の幻はノアの洪水とかかわり（八三―八四章）、第二の幻はアダムから著者の時代を経て未来のメシア時代にいたるまでの歴史をさまざまな動物の姿を用いて描いている（八五―九〇章）。後者は一般に「動物の黙示録」――あるいは「動物の幻」――と呼ばれている。

第一の幻では、「地の滅び」（八三5）を見たエノクが、「地上に残される」（八三8、八四5）「義と公正の肉」を「永遠の種の木」（八四6）として起てるよう祈る。「地上に生き残る」「義と公正の肉」は、創世記の文脈からすればノア一家のことになるが、現在の文脈では迫害下にあっても神への忠誠を守ったユダヤ人が考えられている。ここでは聖書の「残りの者」の思想が、ユダヤ教弾圧という状況の中で、迫害に抗った者たちへと適用されている[21]。

第二の幻（動物の黙示録）では、特定の個人や民族など人間が動物に擬えられて、天地創造から終末までのイスラエル史が描かれる。幻の冒頭では、白い雄牛と牝牛が出て来て、それに黒牛と赤牛が続く。「この黒牛は赤牛を突き、地上を追い回した。だが、その後、私はその赤牛を見なかった」（八五4）とされる。最初の白い雄牛と牝牛はアダムとエバを、黒牛と赤牛はカインとアベルを暗示している。このような仕方で、堕天使と巨人（八六章）、ノア（白牛）の洪水物語（八七1—八九9）、セム（白牛）、ハム（赤牛）、ヤペテ（黒牛）の子孫の誕生、アブラハム（白牛）、イサク（白牛）、ヤコブ（羊）の誕生、エジプト移住が駆け足で物語られる（八九10-14）。ノアの三人の子どもたちまでは「牛」だが、ハムとヤペテの子孫は野獣や猛禽で表現される。セムの子孫もアブラハムとイサクは「白牛」だが、ヤコブは「羊」であり、以降、イスラエルは「羊」で暗示される。「牛」が再び現れるのは終末後の世界である（九〇37）。このことは、終末後の世界が原初への回帰としてイメージされていることを示す。

出エジプトの件は比較的長く描写される（八九15-38）。狼（エジプト）が羊たち（イスラエル）を圧迫

し、その子らを河へ投げ込む。一匹の羊（モーセ）が救われて、野ろば（ミディアン）のところに身を寄せる。そこで「羊たちの主」（神）が救いの手をさしのべる。そして救われた羊たちは「目を開いて見はじめた」（八九28）と言われる。ところが、彼らの導き手たる羊が岩山に登っている間に、「羊たちは目がかすみ」（八九32）、「目を眩まされ」（八九33）、道を踏みはずす。いわゆる「金の子牛像事件」（出三二章）のことであるが、この幻では「目の開いた羊」と「目の眩んだ羊」が対比的に描かれることとなる。

その後、ヨシュアとカレブによるカナンの地入植から士師の時代、サウルとダビデ、ソロモンと「高い塔」（神殿）の建築が物語られる（八九39-50）。分裂王国時代については、羊たちは「迷い、彼らのあの家（ダビデ家）を棄てた」（八九51）と語られる。そして預言者たちが遣わされるが、羊たちは彼らを殺してしまう（八九51-53）。そこで「羊たちの主」は彼らを野獣たちに引き渡す（八九54-58）。

そこで神は「七十人の牧者」を召し寄せて、この羊たちのところに遣わし、神が滅びに定めた者だけを滅ぼすよう命じるが（八九59-60）、牧者たちは命じられたよりも多く殺しはじめ、羊を獅子（アッシリア）と虎（バビロニア）の手に放置し、「塔」（神殿）には火がつけられる。そして羊たちはありとあらゆる獣に引き渡される（八九65-71）。ここでは南北王国の滅亡と捕囚が語られているのだが、そのことの責任の一部を「牧者」に帰している。ここで唐突に言及される「牧者」とはイスラエルの守護天使のことであり、それが「七十人」であるとは、一天使が一期間（七年）牧するということであり、七十人目が著者の時代に当たり、その後に終末が来る。すなわち、捕囚を基点に終末までの期間が定

められたことを表している。

牧者たちが「十二時間」（十二人）牧したとき、「三匹の羊」（ゼルバベル、大祭司ヨシュア、シェシュバツァル？）が「塔」（神殿）を再建するのだが、そこに献げられるパンは穢れていた（八九72-73、マラ一7、12参照）。「羊たちの目は盲となって見えず、その牧者たちも同様であった」（八九74）と言われる。こうして「三十五人の牧者」が務める（九〇1）。ここまでは捕囚からシオン帰還後のユダヤ教成立期が、否定的な視点から描かれている。この後、羊たちは「鷲、はげ鷹、鳶、烏」などに食われ、羊の数はめっきり減ったと言われる（九〇2-4）。これはエジプトとシリアの支配下にあった初期ヘレニズム時代を回顧している。この間二十三人が牧し、ここまでで「五十八期間」が数えられる（九〇5）。残りの「十二期間」（の末期）が著者の時代となる。

「七十期間」は、十二＋二十三＋二十三＋十二の四つに区分されている。七十期間は計算上は四百九十年になるが、「七十」と「十二」は象徴数であるから、厳密な年代計算とは一致しない。第一期間が捕囚から神殿再建まで、第二がその後の混迷の時期、第三がヘレニズム時代初期、第四が、著者が属していると考えている時代であろう。著者はマカバイ戦争を終末直前の出来事と捉えているので、第四期の始まりを前三世紀半ば頃と考えているようである。それはエノク派の成立した時代である。

捕囚からの七十期間のうち五十八期間が過ぎた後、「あの白い羊たちから子羊たちが生まれる」（九〇6）。子羊たちは羊たち（イスラエル）に向かって叫ぶが、羊は耳を貸さない（九〇6-7）。やがてこ

の子羊の中の一匹が烏に殺されてしまう（九〇8）。すると、子羊たちにいくつかの角が生えるのだが、烏に切り落とされてしまう。しかし、一匹の羊に大きな一つの角が伸びると、羊たちの目が開く（九〇9）。すると雄羊たちが彼のもとに駆け寄り、烏たちと戦う（九〇10-16）。これらの出来事は、マカバイ戦争にいたるまでのプロセスを暗示している。最初に生まれた「子羊たち」は、ハシディーム（ユダ・マカバイと共闘したグループ）を指すと考えられる（Ⅰマカ二42-48、七13、Ⅱマカ一四6参照）。殺された一匹は、暗殺された大祭司オニアス三世を指す（Ⅱマカ四30-38）。最後の大きな角は、マカバイ戦争のリーダーとなったユダ・マカバイを指している。

ここまでは過去の歴史的記述であるが、これ以降、未来に期待される神による歴史への介入が描かれる。まず、十二人の最後の牧者たち（イスラエルの守護天使）が、前任者より多く殺したことが神に報告される（九〇17）。すると、神が怒りの杖で地をたたき、地には裂け目が生じて「すべての獣と空の鳥」（異邦人）が大地に呑み込まれる（九〇18）。そして、玉座が「麗（うるわ）しの地」にしつらえられ、裁きが始まる（九〇20）。七人の「白い人」（天使長）が呼ばれて、まずは「堕落した星」と「七十人の牧者」が裁かれる。前者は最初の堕天使であり（八六―八八章）、後者はイスラエルの守護天使なのに、神が命じた以上に殺してしまったこと（八九59以下）で火の谷に投げ込まれてしまう（九〇21-25）。次に「目の眩んだ羊たち」（背教のイスラエル）が裁かれ、やはり火の谷に投げ込まれる。この火の谷は、「あの家の南」にあるとされ（九〇26）、エルサレムの南のヒンノムの谷（ゲヘナ）を暗示している。そこで彼らは「骨ごと」焼かれるという（九〇27）。この表現には、歴代の背教のイスラエル人が肉体をもっ

て復活させられて裁かれるというイメージが付随しているかもしれない。続いて「廃屋」（現実のエルサレム神殿）がたたまれ、新しい家が建てられ、「羊たち」（背教しなかったイスラエル）はその中に入る（九〇28-29）。

生き残った「地上の動物と空の鳥」（異邦人）は、この羊たちにひれ伏して、言いなりになる（九〇30）。そして「殺された者、散らされた者、野の獣、空の鳥」がその家に集まるとされる（九〇33）。ここでは義人でありながら無念の死を遂げた者の復活が明記されている。神はこれらすべてが自分の家に戻ってきたことを喜んだ、彼らすべての目が開いていたとされる（九〇33-35）。すなわち、イスラエルの義人だけでなく、異邦人も新しい神殿に参与することが期待されている。そして、一匹の「白牛」（メシア）が生まれ、また、彼らすべてが白牛に変化する（九〇37-38）。すなわち、生き残ったすべての者が原初時代のイスラエル（ノア、セム、アブラハム、イサク）と同じ種になるのである。そこでエノクは目を覚まし、神を賛美する（九〇40）。

動物の黙示録は、アダムから終末までという大きなスパンで歴史を捉えており、上述の週の黙示録を大幅に展開したものと言える。終末までの期間が定められているという考えも黙示文学の特徴の一つを示している。また、人間を動物に譬える描写には、その後の黙示文学に見られる象徴表現がもっとも徹底した形で示されている。終末時の描写に、異邦人がイスラエルに「変化」するという記述があることも特徴的である。異邦人のイスラエルへの降伏という描写は珍しくないが、異邦人の改宗を終末待望に含める文書は少ない。寝ずの番人の書（一〇21）に類似の記述があるが、ここではより明

確に「同じ種」になるとされている。マカバイ戦争を背景にしているがゆえに、同時代のダニエル書と同様に個人の復活の希望が明記されている。終末時にメシアが現れるという考えは、この時代としては初出である――メシア待望論はローマ時代に入ってから急増する。

本書には、いわゆる黙示思想のほぼすべての要素が具わっている。大国によるユダヤ教弾圧という未曽有の極限状況下において、さらにはそこに同朋（ヘレニスト）が加わり、もはや民族としての一体感が失われてしまった中で、二元論的世界観が先鋭化されて生み出されたのが黙示思想である。そこには応報が貫徹されない現実を受け入れられない者たちが存在している。彼らはヨブの問いに終末論的回答を与えたのみならず、地上に新しい理想世界が実現することを直接的かつ性急に求めたのであった。

結び

マカバイ戦争が終わると、その立役者となったハスモン家が血統上の正統性の欠落にもかかわらず大祭司職に就き、*バビロン捕囚以来のユダヤの独立を果たした。ハスモン王朝時代（前一四二―六三年）には、マカバイ戦争の体験から、ユダヤ人は再び伝統的なユダヤ教に立ち帰ることを受け入れ、トーラーに従った生活を送ることが当たり前の前提になった。この時代には、黙示思想はしばらく後景に

追いやられる。しかしながら、ハスモン家が大祭司職に次いでさらに王をも名乗るようになると、その正統性の欠如は民衆からの反感を買わずにはいられなかった——正統な王の家系はもちろんダビデ家であった。そうした中で、エノク派の流れをくむエッセネ派、ファリサイ派やサドカイ派といった著名なセクト運動が活発化することになった。やがて兄弟間の王位継承争いにローマが介入し、ユダヤは独立を失い、再び大国の支配下に置かれることになる（前六三年）。

＊　ユダヤ教における正統な大祭司の家系は、ツァドクの直系の子孫（第二神殿時代ではヨシュア／イェシュアの直系）とされていた。ハスモン家はヨヤリブの子孫（Ⅰマカ二1）とされ、ヨヤリブはアロンの子のエルアザルとイタマルのどちらかの子孫であるが（代上二四1-7）、ツァドク（およびヨシュア）の子孫ではなかった（後述第六章第1節参照）。

ローマ支配下のユダヤ人は、反ローマ感情を高揚させていき、黙示思想が再び、しかし今度は広範に広まることになった（後述第Ⅱ部）。ハスモン時代に強制改宗されたイドゥマヤ人の子孫であるヘロデがローマの傀儡として王位に就き、大祭司を正統でない家系から次々と任命したことは、王と大祭司の権威を失墜させ、さらなるセクト運動の活発化をもたらした。ヘロデ死後のローマ総督による直接統治は、反ローマ感情をさらに高めることになった。ローマの傀儡であることで神殿祭儀を守り、それによって自己保身することをよしとした貴族と富裕層からなるサドカイ派を除いて、多くのセク

トは終末待望論を高め、為政者の正統性の欠如はメシア待望論を高めた[21]。

こうした待望論を満たすユダヤ教の一セクトとしてキリスト派は生まれた。それゆえキリスト教は、二元論的世界観とセクト体質を引きずっている。

他方、その後のユダヤ教は、反ローマ感情と終末待望論ゆえに、神の直接的な歴史への介入を期待して、三度の対ローマ戦争に突入する（後六六—七四年、一一五—一一七年、一三二—一三五年）。しかしそこでの手痛い敗戦を契機に、黙示思想を封印し、神の介入を遠い未来へと押しやり、トーラーを守る民族宗教共同体（ラビ・ユダヤ教）としての生き残りを図って近代にいたる。ラビ・ユダヤ教は、終末もメシアの到来も否定しない——二元論的世界観は前提とする——が、それはいつか神が実現するものとして、人間の介入の余地を認めない。

ユダヤ教とキリスト教の影響下に生まれたイスラームは、二元論的世界観を受け入れた。キリスト教のローマ帝国が改宗を強制したように、イスラームも支配地域の住民に改宗を強制した。カトリック教会は、第二ヴァチカン公会議（一九六二—六五年）において、他宗教を承認するようになった——ただし、いまだ多様な価値観を承認するにはいたっていない（例えば、人工妊娠中絶や同性愛は認められていない）。プロテスタントは、宗派によってバラバラであり、多様な価値観を積極的に承認しようとする教会もあれば、原理主義に固執する教会もある——特にアメリカと、アメリカに影響を受けた日本や韓国の教会。冷戦終結後の世界紛争は、西洋とイスラーム——それぞれの原理主義者——の対立であるが、その根にはこの二つの兄弟宗教が共有する二元論的世界観があると言わねばならない。

黙示思想は二元論的世界観をその特徴とする。人間を「義人」と「罪人」に二分し、「来るべき世」において「永遠の生命」を得ることが救済とされる。だれが「義人」であるか「罪人」であるかは、当該集団が決めることになる。そして「罪人」とされた者は断罪され、しばしば終末を待たずに人間によって裁かれ、抹殺される。

このような二元論的世界観は、たしかに聖書に根拠をもつ。ヘブライ語聖書では救済預言からダニエル書にいたる思想系譜がそうであり、その系譜に属する新約聖書はすべてがそうである。[22] しかし、ヘブライ語聖書には、それとは異なる、むしろそれに相反する理念、思想の系譜もあった。私見では、イエスもまた二元論的世界観、セクト的価値観に抗う思想の系譜に属する（後述第Ⅲ部参照）。「神のみが王」という理念は、ただ王制を認めないというだけではない。人間による人間支配を認めない思想である。それは人間が「神のように」なろうとすることを高慢とし、分を弁えることを教える。創世記の原初史物語は終末のないこと、エデンの園から追い出された人間には「永遠の生命」を得ることができないこと、人間は「神のように」はなれないことを物語っている。創造主を前に、人間は他者を支配することが許されないだけでなく、自分の支配者にすらなりえないのだ。

この思想からすれば、黙示思想――それは「王権神授」、人間の王が神の代理人として振る舞うことを正当化する思想に淵源する――は人間が「神のように」なろうとするものだ。「神のように」他者を裁き、「神のように」永遠に生きることを望む。「神のように」振る舞う者同士が争い合っているのが、今日の世界状況ではなかろうか。

聖書には人間の著者がいる。複数の著者・編者がいる。そこには多様な思想が展開されていて、互いに対立しあうこともある。それを「神の言葉」として絶対化し、特定の思想を規範として他者に押し付けることは、自らが「神のように」振る舞うこと、偶像崇拝に他ならない。

聖書そのものが多様な思想を含んでいることは、多様な価値が承認されるべきことを教えている。多様な価値をもつ個人としての人間、集団としての人間は、どうすれば平和に共生できるのか、それを「神」という超越の象徴を前に、問いつづけなければならない。「人間学」としての神学・聖書学の責務はそこにある。

グノーシス主義誕生のユダヤ思想史的・時代史的背景

神義論の系譜と三度の対ローマ戦争

序

グノーシス主義はそれに固有な Daseinshaltung* に基づく創作神話を伴うが、その本質は次のような三つのモチーフによって形成されている。(1)究極的存在と人間の本来的自己は本質において一つであるという救済の認識。(2)その前提としての反宇宙的二元論。(3)その結果として要請される、「自己」の啓示者または救済者。*

（荒井献『新約聖書とグノーシス主義』岩波書店、一九七一年、三五〇頁、傍点は上村）

* 「(反宇宙的)現存在の姿勢」(同右、三四三頁)。創造神を否定することの上に成り立つ実存理解。

以上の考察から、グノーシス主義の起源に関してわれわれは次のような結論を導き出すことができるであろう。グノーシス主義の本質を形成する第一のモチーフの素材はプラトニズムに、第二、第三のモチーフの素材はユダヤ教に遡源される。この二つの素材が出会いえたのは、ヘレニズム・ユダヤ教の領域において――ヨナスと共に注意深く言えば、「ユダヤ教に隣接し、それに自己をさらしている領域において（in a zone of proximity and exposure to Judaism）」――であ

ろう。この領域において――おそらく社会的・心理的原因に誘発されて――反宇宙的・グノーシス的 Daseinshaltung が突発した。人々はこれによって、この領域に属するテクストを解釈して、彼らに固有なグノーシス主義を形成した。その時期がキリスト教成立以前であったか否かを正確に確かめることはできないが、しかし、グノーシス主義は少なくともキリスト教とは無関係に成立した。ナグ・ハマディ文書で見る限り、その成立地はエジプトであろう。そして、それがキリスト教と接触し、それに固有な救済者（たとえば「ソフィア」）を「キリスト」化することによって、いわゆるキリスト教グノーシス主義が成立したのである。（同右、三五五頁。傍点は上村）

第II部では、グノーシス主義の特徴の一つである「反宇宙的二元論」（＝創造神への憎悪）は、ユダヤ人のどのような「社会的・心理的原因に誘発され」、「突発した」のか、またグノーシス主義が花開く二世紀半ばにいたるまでにエジプトのユダヤ人に何があったのかという問いに答えることを試みる。前半は思想史的な観点から、後半は時代史的な観点から、グノーシス主義誕生の背景を探る。すなわち、右に引用した荒井説を検証するのがその目的であるが、グノーシス主義そのものは扱わず、あくまでその開花にいたるまでのユダヤ人の歴史を問う。

第五章　ローマ時代のユダヤ思想

第I部で見たように、古代ユダヤ教には二つの思想潮流——創造論と終末論——があった。前一世紀半ばから後二世紀前半（前六三年—後一三五年）にかけて、ユダヤ人はローマの支配下に置かれ、たびたびローマ軍の暴力に脅かされるとともに、それに対して実力で対抗しようとした。圧倒的に力の差のあるローマ軍に力で対抗しようとした背景には、神が自分たちのために直接に介入してくれるという期待があった。すなわち、この時代は非常に強い終末待望論によって特徴づけられる。黙示思想はすでにギリシア時代に生まれていたが、その二元論的世界観が広く蔓延したのはローマ時代であった。本章では、この時代に編纂されたいくつかの古代ユダヤ文献をとおして、時代の空気を読み取っていく。

1　ソロモンの詩篇——ローマの支配と神の支配

ハスモン家の兄弟間の王位継承争いはローマの介入を許し、ユダヤは独立を失い、再び大国の支配下に置かれることになった（前六三年）。ローマのポンペイウスは、エルサレムを占領し、多くのユダヤ人を殺害し、あるいは奴隷として連行し、そしてユダヤ人でも大祭司が年に一度しか入ることの許されなかった至聖所に足を踏み入れた（ヨセフス『ユダヤ戦記』一152、同『ユダヤ古代誌』一四72）。

この経験は、ユダヤ人のあいだに反ローマ感情を高まらせるとともに、この世の終わりへの憧憬と民族再興の希望を再度もたらすことになった。そうした中で書かれたのがソロモンの詩篇である*（前四八—四〇年頃編纂）。由来の異なる十八の詩篇の編纂物であり、必ずしも一貫しない複数の思想が併存している。

＊ギリシア語訳とシリア語訳からのみ知られるが、原語はヘブライ語。「ソロモン」の名が冠せられているが、明らかに前六三年のポンペイウスによるエルサレム征服を前提としている。前四八年のポンペイウスの死が描かれているが（二26-29）、ヘロデ支配については言及されていないので、最終編纂は前四八—四〇年頃と考えられる。邦訳には、後藤光一郎「ソロモンの詩篇」、日本聖書学研究所編『聖書外典偽典5』教文館、一九七六年、一三一—六五、三五五—三六六頁がある。

最初の二つの詩篇で、ポンペイウスによるエルサレムの破壊と神殿への侵入について語られる。ここでは、第二篇の冒頭を引用してみよう。

二1-3「罪人が尊大に振る舞い破砕機（はさいき）で塁壁（るいへき）を打ち倒したとき、あなたは止めなかった。異邦の民はあなたの祭壇に上り、傲（おご）り高ぶって土足で踏みつけた。エルサレムの子らが主の聖所（せいじょ）を汚し、不法にも神の供物を穢（けが）したからだ」。

ポンペイウスがエルサレムの市壁を打ち壊して市内に侵入し、さらに聖所へと足を踏み入れたことが振り返られているのだが、そうなった理由として、ローマ兵の傲り高ぶりと、「エルサレムの子ら」の罪が挙げられている。すなわち、バビロン捕囚に対するユダヤ教の伝統的な解釈と同様に、ここでもユダヤ人の側に罪があり、それゆえに神は沈黙したのだと考えられている（一5-8、二1-21、八1-34、一七1-20参照）。「エルサレムの子ら」はエルサレムの住民一般を指すとも考えられるが、特にハスモン家の人々が念頭にあっただろう。同時にまたローマ兵の傲り高ぶりが言及されているのは、たとえ民の罪に対する神の罰であったとしても、ローマ兵の振る舞いは受け入れられないとする詩人の嘆きがあるからである。それゆえ彼は国々の裁きをも求める。

二30-32「かれこそは諸天の上の王であり、王たちと支配者たちを裁く方。私を栄光へと起こし、傲り高ぶる者たちを恥辱の中の永遠の滅びへと連れて行く方。なぜなら、彼らはかれを知らなかった。そして今や見よ、地の大いなる者たちよ、主の裁きを。なぜなら、かれは偉大なる義しい王、天下を裁く方」。

神こそが「王」なのであり、その神を認めなかった地上の王たちは裁かれ、永遠の滅びにいたるという。ここでは終末時の裁きの存在が前提とされている（八23-24、九2、一五12、一七29、一八3参照）。しかし、すでに見たように、ユダヤ人の中にも罪人がいるのであるから、終末時の裁きは結局のところ民族を問わず、すべての人が対象になる。

三11-12「罪人の滅びは永遠であり、かれが義人たちを訪れる時に想い出してもらえない。それが罪人たちの永遠の分け前である。しかし、主を畏れる者たちは永遠の生命へと起き上がり、彼らの生命は主の光の中にあって、もはや絶えることはない」。

ここでは明瞭に二元論的世界観が表現されている。人間は「義人」と「罪人」に二分され、終末後の世界において「義人」は永遠の生命へと復活することが期待されている。こうしてこの世の終わりに全人類が裁かれるのであれば、それで終わりでよさそうなものであるが、他方でイスラエル再興の希

望も詠われる。

一七3「しかし、われわれはわれらの救い主である神に期待する。なぜなら、われらの神の大能は永久に憐れみと共にあり、またわれらの神の支配は永久に諸国民の上にある」。

同21「ご覧ください、主よ。そして起ててください、彼らに彼らの王ダビデの子を、神よ、あなたが思う時機に、あなたの僕イスラエルの上に君臨するように」。

同29「彼（メシア）は義の知恵をもって民と諸国民を裁く」。

同30「彼は諸国民の諸民を彼の軛のもとで彼に仕えさせ、全地の旗じるしとなって主をほめたたえ、聖性をもってエルサレムを浄め、初めのようにする」。

同35「なぜなら、彼は彼の口の言葉で地を永遠に平らげ、喜びと共なる知恵をもって主の民を祝福するからである」。

これらの詩では、まず、「神の支配」――あるいは「神の国」とも訳せる――が全諸民族、全諸国民の上にあることが期待されている。「神の支配」という表現はいくつかの意味合いで用いられうるが（後述第Ⅲ部）、ここでは以下にメシア論が続くことから示されるように、終末論的な神支配の現前が期待されている。この表現の終末論的用法はこれ以降のユダヤ文献に散見されるようになるが（新約聖書に頻出）、それは現実の「ローマの支配」に対して、それを終わらせ、それに自分たちが取って

代わることを夢想する中で生まれてきたものである。それゆえ続くメシア論では、伝統的なダビデ系メシアの待望が語られることになる。そこでは理想的な王が「知恵」をもって理想的な支配をすることが期待され、またポンペイウスによって汚されたエルサレムが浄められ、それが世界の中心となることが夢想されている。しかし、本文書の最後は天体が神の命令に背くことのないことが詠われて詩集は閉じられる。

一八10-12「われらの神は偉大かつ栄光に満ち、いと高きところに住み、日々から日々へという時の節目のために諸々の光体を軌道に乗せる方。そしてそれらは、あなたがそれらに命じた道から逸れることはなかった。日ごとのそれらの道は神への畏れの中にある、神がそれらを創造した日から永遠に。かれがそれらを創造した日からそれらは彷徨うことはなく、太古の時代からそれらが道を離れたことはない、神がかれの僕の命令をとおしてそれらに命じた時以外には」。

ここでは、寝ずの番人の書の序文と同様に、自然界（ここでは光体）の規則的な運動が、「神を畏れること」の現れとして、神に忠実に従う義しさとして人間の模範とされ、またその永遠性は「神を畏れる者」「義人」にとって永遠の生命という希望を確かにするものと考えられている。すなわち、日々律法にしたがって忠実に歩むことが、永遠の生命を得るための担保になるというのである。

以上、ソロモンの詩篇は、ポンペイウスによるエルサレム征服という事態に対し、まずそれをユダ

ヤ人（特にハスモン家）の罪に対する罰という捉え方を示すもののそれでは満足できず、この世の終わりにおける国々の裁き、全人類の裁きを期待する。その裁きの先には、「義人」には永遠の生命が、「罪人」には滅びが待っている。他方、国々の裁きを行うのを「ダビデの子」メシアに期待する民族主義的なイスラエル再興の希望も語られる。

全人類の終末論的裁きと「義人」による永遠の生命の獲得は、ダニエル書やエノク書と共通するが、ダニエル書では迫害下でユダヤ教に留まった人が「義人」、エノク書ではエノク派メンバーが「義人」というように、「義人」の基準がある程度明確であったのに対し、ソロモンの詩篇では律法遵守者が「義人」とされる。すでにマカバイ戦争を経て、自覚的背教者以外は律法を守ることを前提としているローマ時代のユダヤ人にとっては、「義人」と「罪人」の分かれ目は律法遵守の程度の問題となる。全員の律法遵守が前提とされる中での二分化は、その程度を互いに比較し合うという雰囲気を生み出すこととなる。それは権力者を批判する道具にもなるが、守っていないように見える職――徴税人や売春婦など穢れたと見なされた職――に就かざるを得ない人々に対する差別のもとにもなる。後にイエスが寄り添うようになる人びとはこうして生み出された被差別者たちであり、回心以前のパウロが同世代の者よりユダヤ教に関して先んじようとしたのは（ガラ一14）、こうした比較における優位を求める考えを共有していたからである（後述）。もともと律法は、ユダヤ人個人の救済や滅びと結びついていたわけではない。ユダヤ人が律法を守り、理想的な共同体を形成することで、いつか全人類が創造神のもとに再統合されるためであった（上述第一章第3節参照）。しかし、民族としての一体感が

失われていく中で、律法遵守は個人の救済論へと変質させられ、その程度を互いに比較し、優劣を競い合う基準とされるようになった。ここに敗戦に至るまでのローマ時代のユダヤ社会における差別の根源を見ることができよう。

他方、本書にはイザヤ以来の伝統的なメシア待望論も見られる。ギリシア時代初期（前三―二世紀）の古代ユダヤ文献には、ダビデ系メシア待望論は明言されていない。動物の黙示録にはメシアの暗示があるが、ダビデを思わせる要素はない（第四章3-3-2項参照）。後述するように、前二世紀末に編纂されたと考えられる死海文書の共同体の規則（1QS）の中に、「アロンとイスラエルのメシアたち」（IX 11）という表現が現れ、この「イスラエルのメシア」がダビデ系メシアを指すと考えられている――「アロンのメシア」は祭司系メシア。こうした二人のメシア待望が生まれたのは、ツァドク家でもダビデ家でもないハスモン家が、大祭司であり王であるという現実への抵抗があった。ソロモンの詩篇もまた、ハスモン家の兄弟間の王位継承争いゆえに、ローマ軍をエルサレムに招くことになったことへの失望と憤りがあり、それがダビデ系メシア待望論として表されるに至ったと考えられよう。これ以降、ダビデ系メシア待望論はユダヤ文献にしばしば言及されるようになる。キリスト教とは、このダビデ系メシア待望論がイエスにおいて実現したと信じるセクトとして生まれたものである。

2　知恵の書——永遠の生命を語る知恵文学

ソロモンの名を騙る知恵の書は、前一世紀の終わりないし後一世紀の初めに、アレクサンドリアにおいてギリシア語で書かれたと考えられている。[(1)] この書では、永遠の生命と死についての思弁が、義と罪との関連において展開される。

一12–16「あなたたちの生の過ちの中で死を欲するな。あなたたちの手の業によって亡びを引き寄せるな。[13]神が死を創ったのではなく、かれは生けるものたちの滅びを喜ばない。[14]万物が存在するようにかれは造ったからである。世界に生み出されたものは健全であり、それらの中に亡びの毒はなく、地上には陰府の支配はない。[15]義は不死だからである。[16]しかし、不敬虔な者たちは手と言葉でそれ（死）を呼び寄せた。彼らはそれを友と見なして溶け合い、それと契約を結んだ。というのは、彼らはそいつの分け前となるにふさわしいからだ」。

上述のように（第三章第1節）、失楽園（創三章）の物語は、死を最初からの生あるものの定めと前提していた。しかし、知恵の書においては、死は必然ではなく、不敬虔な者たちの罪の結果として解釈

されている。「不敬虔な者」という表現が明示するように、著者は人間を「義人」と「不敬虔な者」（罪人）に二分する二元論的人間観を前提している。とはいえ、現実には誰にでも死は訪れる。そこで「義人」の運命についての思弁が展開される。二―五章では、「義人」と「不敬虔な者」の対比とそれぞれの報いが論じられていく。

二24「死は悪魔の妬みによって世界に入ったのであり、そいつの分け前となる者たちはそれ（死）を経験する」。

三1―9「義人たちの魂は神の手の中にあり、もはやいかなる苦痛も彼らに触れることはない。愚か者たちの目には彼らは死んだように見え、……人々の眼には罰せられているようでも、彼らの不死への希望は満ちている。わずかに懲らしめられて、大いによくしてもらえる。というのは、神は彼らを試み、そして彼らをかれ自身にふさわしいと見なしたからである。……彼らの訪れの時機には、彼らは光り輝き、麦藁の中の火花のように燃え広がる。彼らは諸国民を裁き、諸々の民を治め、主は彼らを永遠に支配する。……」。

「死」は神が創ったものではない（一13）とする著者は、死の起源を「悪魔の妬み」に帰する。「不敬虔な者たち」は自らの振る舞い（「手と言葉」）によって死と契約を結び、悪魔の分け前となったので、「亡び」にいたる死を経験することになる。他方、「義人たち」はこの世の肉体の生は死ぬように見え

るが、実際には「不死」なのであって、「時機」がくれば復活して永遠の生命を得、そして世界を支配するという。「義人」になるために必要なことは、「知恵」を得ることである。

一〇1-2「彼女（知恵）はただ一人造られた最初に作られた世の父（アダム）を守り、彼自身の罪科から彼を救い出し、万物を治める力を彼に与えた」。

一五2-3「たとえ罪を犯しても、われらはあなたのもの、あなたのちからを知っている。われらは罪を犯すことはない、あなたのものとされたことを知っているから。なぜなら、あなたを識ることは完全なる義、あなたのちからを知ることは不死の基である」。

創世記三章の失楽園物語では、知恵を得たことが禁令違反の罪に問われたのに対し、ここでは女性として擬人化された知恵――禁令違反によって得たはずの知恵――がアダムをその罪科から守ったという。そして神を「知る」ことで、「完全なる義」を達成し、「不死」を得ることができるとされる。すなわち、知恵の「完全性」が人間に「完全性」を与え、それによって「永遠の生命」を得ることができ、こうして人間は「神のように」なれるのであり、またそうなるべきだというのである。

人間が一切の罪を犯さず、完全なる義にいたることが理想とされ、その理想は「知恵」を得ることで実現できる。これもまた救済預言の理想実現という思想の系譜に属しているのだが、ここではさらに「永遠の生命」という神の属性を人間が手に入れて、「神のように」なることが期待されている。

終末後の世界における永遠の生命の獲得という思想は、前二世紀以来の黙示思想に由来するのだが（第四章参照）、ここではその待望が非歴史的であることを性格とするはずの知恵文学の中で展開されている。

3 たとえの書（Iエノク三七—七一章）——知恵の住処

ローマの傀儡（かいらい）であり、かつ大祭司を自分の都合で頻繁に交代したヘロデの統治は、ユダヤ民衆の間に反ローマ感情を高めただけでなく、王と大祭司の権威の失墜をも見せつけた。ヘロデ死後のローマの直接統治は、神支配の現臨（げんりん）を象徴するはずの神殿に仕える大祭司が、ローマ支配の傀儡に過ぎないことを露呈させた。そうした事態は、終末論的なメシア待望論を高めた。こうした中で、エノク派はたとえの書（Iエノク三七—七一章）を著した。その冒頭は次のように始まる（三七1はたとえの書をIエノク書に入れ込む際に付けられた導入句であり、たとえの書自体の元来のはじまりは2節である）。

三七2「これは知恵の言葉のはじめであり、（それらを）私は乾いた地に住む者たちに語るために取り上げた」。

本文書では終末時の人間――「義人」と「罪人」――の運命が語られていくのだが、ここではそれを「知恵」として提示している。ここまで指摘してこなかったが、第四章で読んだ終末論の系譜に連なる諸文書には、「知恵」およびそれに類する単語や表現が現れていた。終末論は救済預言に淵源するが、前節でみたように、神の属性である知恵を得ることで、人間は「神のように」「完全」になることができ、それが実現するのが終末の時であるとする思弁の中から黙示思想は生まれてきたのである。もともと知恵は、いつの時代のどの場所にも当てはまることが求められるがゆえに非歴史的な性格をその特徴とするが、古代ユダヤ思想においてはそれが一方において創造の業と、他方においてトーラーと関連づけられることで歴史化され、さらにそれが救済預言と結合されることで黙示思想という独特の思弁を生み出すことになったと言えよう。その意味で黙示思想は救済預言と知恵文学の融合なのであるが、本書はそのことを端的に明示している。しかし、その知恵は簡単に手に入るものとは考えられていない。

四二1-3「知恵は彼女が住む場所を見いだせず、彼女の住処は天にあった。知恵は人の子らの間に住むために出て行ったが、彼女は住処を見いだせなかった。知恵は自分の場所に帰り、御使いたちの間に座した。邪悪がその倉から出て行き、彼女（知恵）が求めなかった者たちを彼女（邪悪）は見出した。そして彼女（邪悪）は荒野における雨のように、また渇いた大地における露のように、彼らの間に住みついた」。

第四章22節で見たように、ベン・シラは知恵の住処をイスラエルの民の中、エルサレムとし、知恵をトーラーと同一視した（シラ二四7－10）。それに対しここでは、知恵は人間世界に住処を求めたが、それを見いだすことはできず、天に帰って天使たちの間に住むことになったとされる。それだけでなく、邪悪が人間の間に住むようになり、しかもそれは、「荒野における雨のように、また渇いた大地における露のように」人々の間に浸透したという。エノク派にとってこの世は「邪悪の世」（四八7。ガラ一4参照）なのであって、知恵は裁きの後に「義人」が与るものとされる（四八1）。

終末時に起こることは、次のように描写される。

五一1－5「それらの日々には、地は預けられていたものを返し、また黄泉は受け取ったものを返し、また奈落は借りたものを返す。[2]そしてかれは彼らの中から義人たちと聖なる者たちを選ぶ。なぜなら彼らが救われる日が近づいたからである。[3]そして選ばれし者がそれらの日々に自分の玉座に座し、知恵の諸々の奥義すべては彼の口の考えから出る。なぜなら、霊魂の主が彼に（それらを）与え、彼を称えたからである。[4]それらの日々に、山々は雄羊のように踊り、丘たちは乳に満たされた子羊のように跳ねる。そしてすべての者たちは、天における御使いになる。[5]彼らの顔は喜びに輝く。なぜならそれらの日々にわが選ばれし者が起ち上がるからである。そして地は喜び、義人たちはそこに住み、選ばれた者たちはその上を歩き回る」。

ここで、「地」「黄泉」「奈落」が「返す」とされるものは、死者の肉体と霊魂である。すなわち、すべての死者が肉体と霊魂をもって黄泉帰り、「義人たち」が選ばれ、彼らは天使になり、地上に住まうことになる。この時には「選ばれし者」（単数形）と呼ばれるメシアが現れ、彼には「知恵の諸々の奥義すべて」が与えられる。この世においては天使たちの間に住んでいた知恵は、終末時にメシアに与えられ、彼は玉座に座ってその知恵を語るという。

黄泉帰った「義人たち」が住まう地上については、次のように描写される。

四五4-5「その日、わたしはわが選ばれし者を彼らの間に住まわせる。そしてわたしは天を変えてそれを永遠の祝福と光にする。また、わたしは乾いた地を変えて祝福とし、そしてわたしはわたしの選ばれし者たちをその上に住まわせる」。

六二14-16「そして霊魂の主は彼らの上に留まり、彼らはこの人の子（メシア）と永遠に共に食べ、寝起きする。そして義人たちと選ばれた者たちは地から起き上がって、顔を伏せることをやめ、生命の衣をまとう。これは霊魂の主からの生命の衣であって、あなたたちの衣は古びることはなく、あなたたちの栄光は霊魂の主の前につきることがない」。

「義人たち」が「天における御使い」となった世界にあっては、天と地もそれにふさわしく「変容」

することが期待される。そして彼らは「生命の衣」を着せられ、変容した地上においてメシアと永遠に寝食を共にするという。

「罪人」とされた者たちについては、滅びへと裁かれることが繰り返し語られる。[6] 本書には「乾いた地（ヤバシャー）に住む者たち」への言及が頻出し、[7] 裁きが全人類に及ぶと考えられている。それゆえ「罪人たち」という一般的な表現も用いられているが、[8] 本書においては特に「王たち、権勢家たち、貴人たち、地を所有する者たち」（およびこれらに類する表現）が言及されている。[9] これはおそらく外国人支配者（ローマ）とユダヤ人支配者（ヘロデ家および大祭司たち）を指しているだろう。

なお、本書には、アラム語「アラム」（ヘブライ語オラム）の新しい用法（「世」）が確認できる。「世を誤らせた者たち」（六九28〔27〕）、「この邪悪の世」（四八7）、「来るべき世」「世の創造」（七一15）といった表現がそれであり、「この世」と「来るべき世」という表現の初出である。アラム／オラムは元来時間的概念であり、過去および未来に向けての無限定の時間を表し、聖書では多くの場合、「永遠」と訳されている。しかし、後一世紀以降、「世」と訳すべき用例が増大し、世界史およびそれの展開した場所として、時間的意味と空間的意味を同時に表現するようになる。「この世」という表現は、アダム以来の全人類史を俯瞰した上で、その終わりを視野に入れて用いられるものであり、その意味で終末論的世界観を前提にしている。

最後に、期待されているメシアがエノク自身であることを、天使がエノクに告げることで幕が閉じられる（七一章）。

結び

バビロン捕囚以来の独立を果たしたハスモン王朝の時代に、ユダヤ人は領土を拡大し、ダビデ時代とほぼ同じ領域を支配下に置いた。ハスモン王朝は、新しく支配下に置いた領十に新しい町を作り、港湾を整備してユダヤ人を移住させた。そして征服した異民族に対しては、その土地に住み続けたければユダヤ教に改宗するよう求めた。こうしてユダの南のイドゥメア人がユダヤ人となり、また北のガリラヤ地方もこの時代にユダヤ化した。(10) こうした強制改宗の背景には、「聖地」という理念があったこと、それゆえにこの聖地に住む者は「聖なる民」であることが求められたことが想定できる。異民族にさえもユダヤ人の習慣を守るように求めるのであれば、生粋（きっすい）のユダヤ人が先祖伝来の教えを守ることは当然となった。この時代には、一部のセクトを除いて、終末待望論は後景に退いたと考えられる。

しかし、ローマによる支配は、ユダヤ人の間に再び、より強くかつ広範に、終末待望論をもたらすことになった。ローマの支配に取って代わる「神の支配」が現れること、そのときにはダビデ系のメシアが現れて世界を統治することが期待された。こうした民族主義的な終末論に加えて、律法を守る者は「義人」として復活して永遠の生命を獲得し、そうでない者は「罪人」として裁かれるという個

別主義的な価値観も広まった。いわゆる「最後の審判」のイメージがほぼ確立されたのはこの時代である。そして、こうした終末論はパレスチナのユダヤ人だけでなく、ディアスポラのユダヤ人の間にも広まっていったようである。少なくともアレクサンドリアのユダヤ人はこれを共有していたし（上述第2節）、後にキリスト教の立役者となるパウロ（タルソス出身とされる）も強い終末待望論の中を生きた[11]。

かつてのマカバイ戦争の時代であれば、「義人」とは律法を守るために殉死した人ということでそれなりに明確であったが、ユダヤ人のほとんどが律法遵守を前提とするローマ時代においては、「義人」と「罪人」の基準があいまいにならざるを得ない。そのために、一方で多くのセクトが作られ、各セクトはそのメンバーだけが救いに値する「義人」であると主張するようになる。イエスが活動し、キリスト派運動のはじまった後一世紀前半は、数多くの多様なセクトがもっとも活発に活動した時代であった。

第六章　セクト運動

後一世紀のユダヤ人歴史家フラウィウス・ヨセフス*によると、マカバイ戦争後の時代（前二世紀半ば）にはユダヤ人の間に主要な三つのセクトがあったという。

ユダヤ古代誌一三171「そのころユダヤ人のあいだには人間の事柄について異なる見解をもつ三つのセクトがあった。それはファリサイ派とサドカイ派、三つ目はエッセネ派と呼ばれていた」。

ファリサイ派とサドカイ派については新約聖書にも出てくるのでよく知られているが、エッセネ派についてはヨセフスの他にアレクサンドリアのフィロンや大プリニウスの言及があるにもかかわらず、謎めいた存在であった。しかし、二十世紀半ばに死海沿岸の洞窟から多くの写本が見つかり、それらを生み出した人たちがエッセネ派の一部であったと考えられるようになっている。本章ではこれらの

セクトについて概観する。

＊ヨセフス（ヘブライ語名ヨセフ・ベン・マタティヤフ）は、エルサレムの祭司の家系出身のユダヤ人（後三七―一〇〇年頃）。第一次ユダヤ戦争（六六―七四年）の際に、ガリラヤの指揮官になるが、ローマ将軍ウェスパシアヌスの前に投降する。戦後はローマ皇帝になったウェスパシアヌスの庇護を受け、フラウィウスの名をもらい、ローマで執筆活動を行う。『ユダヤ戦記』七巻、『ユダヤ古代誌』二〇巻、『自伝』、『アピオーンへの反論』二巻がある。原語はすべてギリシア語。『ユダヤ戦記』は前二世紀から第一次ユダヤ戦争終結までのユダヤ人の歴史を、『ユダヤ古代誌』は天地創造から第一次ユダヤ戦争突入までの詳細な歴史を描く。『アピオーンへの反論』はユダヤ教の諸習慣について解説している。第二神殿時代のユダヤ人の歴史を知る上での第一級の資料である。邦訳には秦剛平のものがある。『ユダヤ戦記』ちくま学芸文庫、二〇〇二年、『ユダヤ古代誌』同、一九九九―二〇〇〇年、『自伝』山本書店、一九七八年、『アピオーンへの反論』同、一九七七年。

1　背景――大祭司職継承争い

ファリサイ派、サドカイ派、エッセネ派の起源はわかっていないが、マカバイ戦争の後には存在し

ていたというヨセフスの記述に何ほどかの信頼がおけるとすれば、おそらくマカバイ戦争前後に生まれてきたものと考えられる。マカバイ戦争のきっかけの一つは、大祭司職の継承争いにあった。[1]

ユダヤ教の大祭司は、ソロモンの時代以降、ツァドク家の世襲制であり、前五一五年の第二神殿再建以降はツァドク系のヨシュア（またはイェシュア[2]）の家系が受け継いでいた。前二世紀初頭もこの家系のオニアス三世が大祭司職に就いていたが、前一七五年にアンティオコス四世エピファネスがシリア王に即位すると（在位前一七五—一六四年）、オニアス三世の弟ヤソンが賄賂とヘレニズム文化推進をエピファネス王に約束することで大祭司に任命されることになった（在位前一七五—一七二年）。その三年後、今度は別の家系出身の——ヨシュアの家系ではない——メネラオスが賄賂を贈り、エピファネス王によって大祭司に任命してもらうことになった（在位前一七二—一六二年）。メネラオスは、正統な大祭司であったはずのオニアス三世を暗殺してしまう。こうして一系であったはずの大祭司職は、異国の王の任命によって世襲の終身制というあり方が破壊されることになった。ヤソンは大祭司職を取り戻そうとエルサレムを制圧するが、エピファネスがすぐに取り返し、その機に乗じて神殿財宝を略奪し、さらにユダヤ教禁令を出してしまう。これに対してハスモン家の一族が起こした戦いがマカバイ戦争と呼ばれるようになる（Ⅱマカ三—五章）。

エピファネス王が病死し、息子のアンティオコス五世エウパトル（在位前一六四—一六二年）が後を継ぐと、メネラオスは王の不興を買い処刑されてしまう（Ⅱマカ一三1-8）。そして、祭司の家系ではあるが大祭司の家系ではないアルキモスがユダヤの大祭司に任命される（在位前一六二—一五九年）。そ

の頃シリアで内紛が起こり、エウパトルは殺されてデメトリオス一世が王位に就く*（在位前一六二―一五〇年）。ヨセフスによると、アルキモスが病死すると、その後七年間、大祭司職の空位が続いたとされる**（古代誌二〇237）。その後、前一五七年にユダヤ人と講和したデメトリオス一世は、ユダ・マカバイの後を受けて叛乱を指導していたハスモン家のヨナタンを前一五二年に大祭司に任命し（在位前一五二―一四二年）、これ以降ヘロデの時代（前一世紀後半）までハスモン家の家系が大祭司職を引き継いでいくことになる。上に引用したヨセフスの文章冒頭の「そのころ」とはこのヨナタンの治世のことである。ハスモン家は祭司の家系ではあるが、伝統的な大祭司の家系ではなかった。彼らはたしかにシリアによるユダヤ教弾圧からユダヤ人を救った英雄ではあったが、大祭司という血統を重んじられる職位に就くにはふさわしくなかった。このことが、この時代に三つのセクト運動が生まれた要因であった可能性がある。

* アルキモスを大祭司に任命したのがアンティオコス五世かデメトリオス一世かについて、資料の記述が異なる。古代誌一二385、387、Ⅰマカ七章、Ⅱマカ一四章参照。ここではヨセフスの記述にもとづいている。

** 古代誌一二414、419、434によると、マカバイ戦争の指導者であったハスモン家のユダ・マカバイがアルキモス死後に三年間、大祭司職を務めたとされる。しかし、ユダ・マカバイは前一六一年に戦死しているので、アルキモスの死後というのは考えにくいのだが、アルキモスと同時にアルキモスに対抗する大祭司であった可能性はある。すなわち、アルキモスはシリア王によって大祭司に任命されたが、ユダ・マカバイは反シリアのユダヤ人たちによって大祭司に任命されていたと考えることは可能である。

2　ファリサイ派とサドカイ派

その後ヨナタンはシリアの内紛に巻き込まれる形で殺害され、兄のシメオンが後を継いで大祭司になり（在位前一四二―一三四年）、前一四二年にユダヤは独立を果たす。バビロン捕囚以来、およそ四百五十年ぶりの独立国家再興であり、ハスモン家は絶大な権力を保持することになる（Iマカ一四25-49）。シメオンが政権を狙った女婿に暗殺されると（一六11-17）、息子のヨハネ・ヒュルカノス一世が大祭司職を受け継ぐ[3]（在位前一三四―一〇四年）。ヒュルカノスは、シリア内乱に乗じて領土を広げ、南のイドゥメア地方を支配下においてそこの住民をユダヤ教へ強制改宗させた。また北へも手を広げ、ガリラヤの北までを支配下に置き、一部の住民をユダヤ教へと改宗させ、またユダヤ人の移住も促進した。こうしてガリラヤからイドゥメアまでがユダヤ化されることになった。他方、サマリア人――モーセ五書とほぼ同じサマリア五書を聖典とし、ユダヤ人と同じ神を受け入れるが、エルサレム神殿を否定し、ゲリジム山に独自の神殿をもっていたことでユダヤ人と犬猿の仲だった近隣住民――の町サマリアを跡形もなく破壊した。

このヒュルカノス一世の時代に、ファリサイ派とサドカイ派が具体的に言及される。ヨセフスによ

るとヒュルカノスは、もともとはファリサイ派の支持者であったが、あるときファリサイ派の一人がヒュルカノスに対し、大祭司をやめて民の統治者だけで満足すべきと言ったことから、サドカイ派に鞍替えしてファリサイ派と対立するようになったという（ユダヤ古代誌一三288–296）。この物語自体は伝説的ではあるが、ファリサイ派の中にハスモン家が大祭司であることを快く思わない者がいたらしいこと、ヒュルカノスとファリサイ派が袂をわかったことは窺われる。

ヒュルカノスの死後、息子のアリストブロス一世が後を継ぐが、彼は一年で病死してしまう（在位前一〇四―一〇三年）。ただし、彼は大祭司だけでなく、「王」をも名乗った最初のハスモン家の人間となった（古代誌一三301）。その後を弟のアレクサンドロス・ヤンナイオスが受け継ぐ（在位前一〇三―七六年）。ヤンナイオス王の治世は、領土拡大のための戦とユダヤ人の反対者たちに対する内紛に明け暮れたが、あるとき反対者たちはシリア王のデメトリオス三世に支援を依頼し、パレスチナに招き入れたが、デメトリオスは途中で引き返してしまう（古代誌一三376–380）。そこでヤンナイオス王は報復として、この反対者たちのおよそ八百人を磔刑に処してしまう（古代誌一三376–380）。この出来事はヨセフスの記事にもとづいているが、同じ出来事に言及している別の文書が死海文書の中から見つかっている。

ナホム書ペシェル 4Q169 三＋四 i 1–8 「[1]［……………］……………『獅子が行って獅子の子をそこへと連れて行っても [2]脅かすものは無かった（ナホ二12）。（余白）その解釈は］ギリシアの王［デメトリオス［に関わる］。彼は滑らかな事々を求める者たちの助言によってエルサレムに入ろうとし

たが、[3]「入ることはなかった。なぜなら神は」アンティオコスからキッティームの支配者たちが立つまで、ギリシアの王たちの手に「エルサレムを渡さなかったからである」。しかし、後にそれは踏みつけられるだろう[4]「…………」（余白）『獅子は自分の子らのために十分に引き裂き、自分の雌獅子らのために獲物を絞め殺す。[5]「そして巣穴を獲物で、その住処を引き裂かれた物で満たした』（ナホ二13）。この言葉の解釈は」震怒の若獅子に関わる。彼は彼の高官たちと彼の助言者たちによって[6]「エフライムの単純な者たちを」打った。「そして彼が『そして」巣穴「を獲物で」、その住処を引き裂かれた物で「満たした』と言ったことに関して」（余白）その解釈は震怒の若獅子に関わる。[7]「彼は巣穴を多くの死体で満たし」、滑らかな事々を求める者たちに復「讐し」、人々を生きたまま「木に」架け、[8]かつてイスラエルで「為されたことのない忌むべき行為を行った[(4)]」。

ここの「滑らかな事々を求める者たち」（ドルシェー・ハハラコット）とは、「ハラホット」を探求することをよしとしていたファリサイ派を暗示すると考えられる。すなわち、死海文書を残したクムラン共同体からすれば、「ハラホットを探求する者たち」（ドルシェー・ハハラホット）を自任するファリサイ派の人たちは、「滑らかな事々」、とはすなわち「緩い律法解釈」を求める者たちに過ぎない。その彼らは、デメトリオス（三世）にエルサレムに入るよう助言したが、神の意思ゆえに彼が入ることはなく、逆に「震怒の若獅子」たるヤンナイオス王に復讐として磔刑に処されてしまったという。

クムラン共同体によって「滑らかな事々」と揶揄されたハラホット（ハラハー〔原義は「歩み」〕の複数形）とは、ヨセフスや新約聖書で「父祖たちの伝承」（およびその類似表現）と呼ばれているものである。

古代誌一三297-298「ファリサイ派は、父祖たちから受け継いできた法規定を大衆に伝えた。これらはモーセ律法に書かれていないもので、このためにサドカイ派はそれら法規定を斥けて、書かれた法規定はふさわしいものであるが、父祖たちの伝承に由来するものは遵守する必要はないと言っていた」。

マコ七3-4「ファリサイ派やすべてのユダヤ人は、長老たちの言い伝えを保持し、両手をこぶしで洗わなければ食べることをしない。また広場から（帰ったとき）は、沐浴しなければ食べることをしない。また他にも多くのことを受け継いで保持している」。

ファリサイ派はモーセ律法に書かれていない父祖たちから受け継いできた法規定を守っているということであるが、モーセ律法を日常生活の中で具体的に実践しようとすると、どうしても解釈の余地が出てしまう。例えば、安息日規定において「仕事をしてはならない」と命じられていて（出二〇10、申五14）、しかも安息日の禁令違反は死刑とされているのだが（出三一14-15、三五2）、何が「仕事」に含まれるのかはそれほど明瞭ではない。安息日に「火を点けること」は禁じられているが（出三五3）、

消していいかどうかは書かれていない。後のラビ・ユダヤ教は「消火」を聖書にもとづく禁令に数えているが、例外規定も設けている（ミシュナー『シャバット』七2と同二5）。ヨセフスによれば、エッセネ派は安息日には用便を済ましに出なかったという（ユダヤ戦記二147）。とはつまり、それぞれのセクトはそれぞれの聖書解釈をもっていて、それに則った生活をしていたということである。それをファリサイ派は、「父祖たちから受け継いできた伝承」の名のもとに正当化し、サドカイ派は自分たちの解釈を「書かれた法規定」と主張したというだけのことである。書かれた律法を絶対に破らないためには、拡大解釈してそれを破らないようにすればいい。後のラビ・ユダヤ教では、律法解釈を「トーラーに垣根を設ける」（ミシュナー『アヴォット』一1）という言い方で表現することがあるが、それはこの拡大解釈を「垣根」に見立てているのである。ヨセフスは、「ファリサイ派は律法を厳格に解釈すると考えられており、第一の指導的な一派であった」（戦記二162）と言うが、彼らが「厳格」と見られたのもこの「垣根」で書かれた律法を守っていると考えられたからであろう。サドカイ派からすれば、この「垣根」なる「父祖たちの伝承に由来するもの」などは守る必要はないし、エッセネ派からするとその「垣根」は「滑らかな事々」に過ぎないというわけである。

さて、その後ヤンナイオス王は三年の闘病生活を経て四十九歳で病死する。ヨセフスによれば、その遺言において、残される妻と子どもたちが民とうまく折り合いをつけるためにファリサイ派に権力を移譲するよう伝えたとされる（古代誌一三398–404）。王の死後、妻のアレクサンドラ・サロメは自ら女王となり（在位前七六―六七年）、長男のヒュルカノス二世を大祭司に任命した。そしてヤンナイオス

の遺言どおり、ファリサイ派に権力を移譲した。するとファリサイ派は、自分たちの法解釈に従った諸規定を導入するとともに、かつてヤンナイオス王の側についてファリサイ派の処刑に加わった者たちを殺害してしまう（古代誌一三408-410）。ファリサイ派のこの振る舞いに怒りを向けたのは、かつてヤンナイオス王に仕えていた者たちだけでなく、ヒュルカノス二世の弟アリストブロス二世であった。女王サロメが病死すると、アリストブロスは兄に宣戦を布告するが、兄は王位と大祭司職を譲ることで和解する。ところがヒュルカノス二世は、イドゥメア出身のアンティパトロス——上述のようにイドゥメア人はヒュルカノス一世の時代にユダヤ教に改宗させられていた——に唆（そそのか）され、ナバテア王を頼ってアリストブロスと対決しようとする。そのころ、ローマのポンペイウスがシリアのダマスコにやって来たので両方の使者が送られるが、アリストブロスはポンペイウスの不興を買い、監禁され、エルサレムはローマ軍に侵入されてしまう。上述したように（第五章第1節）、このときポンペイウスは神殿内の至聖所に足を踏み入れた。こうしてユダヤ人の独立は終わり、ユダヤはローマの属州に組み入れられてしまう（前六三年）。そこでヒュルカノス二世は大祭司に戻り、また民族統治者になるが、実際の政治運営はアンティパトロスが担うようになり、やがてその息子ヘロデが台頭してくる。他方、アリストブロス二世とその家族はローマに連行されていたのだが、後に脱出してユダヤで支持者を集めて叛乱を起こすようになる。アリストブロスの息子アンティゴノスは、パルティアがシリアを支配下に置くと、その支援を仰いでエルサレムを征服して自ら大祭司となり、叔父であるヒュルカノスの両耳を切って大祭司職に戻れないようにした——大祭司は五体満足でなければなれなかった。これに

対してヘロデは自らローマに行き、元老院で「ユダヤ人の王」に任命してもらう。そして自ら治めることになる地を征服するために三年の戦いを経ることになる（前四〇―三七年）。

ヘロデは実力で「ユダヤ人の王」の座をかちとると、アナネロスという無名の祭司をバビロンから連れてきて大祭司に任命した（在位前三七―三五年、三五―三〇年？）――ただし、血筋は正統な祭司の家系であったようだ（古代誌一五22、39-40）。あえて知られていない祭司を選んだのは、大祭司には強い影響力があり、自分の地位を脅かす惧れがあるからである。しかしアリストブロス二世の孫にヘロデの妻となったアリアンメとその兄アリストブロス三世がいて、その母アレクサンドラの働きかけによって、ヘロデはアナネロスを解任し、アリストブロス三世を大祭司に任命する（前三五年）。ところが、アリストブロスに人気があるのを見たヘロデは彼を暗殺し、アナネロスを大祭司に戻す（古代誌一五23-36）。こうして本来世襲の終身制であったはずの大祭司職は、為政者の都合で好き勝手に代えられるようになってしまい、そのことは大祭司に対する民衆からの支持の低下を結果した。時期ははっきりしないが、フィアビの子イエスが次の大祭司に就いていた（前三〇？―二四／二二年？）。フィアビ家はこの後さらに二人の大祭司を輩出することになる（後一五―一六？、五九―六一年）。「フィアビ」という名の墓碑がエジプトのレオントポリスから見つかっているので、アナネロスがバビロンから連れてこられたように、この家系はエジプトからユダヤに移住してきた可能性がある。フィアビの子イエスが次の大祭司と交代させられたのは次の理由による。アレクサンドリア出身のボエートスの子シモンという祭司に美しい娘がいた。その娘を手に入れたいヘロデは、正式な結婚をするために父シモ

ンを大祭司に任命したのである（古代誌一五320-322）。大祭司職には形式的・格式的には高い地位と名誉が与えられていたということになる。このボエートス家もこの後さらに四人の大祭司を輩出する名門になる。ヘロデの死後、領土が三人の息子たちに三分割され、長男がユダヤとサマリア地方の支配者になるが、十年で罷免され（前四年―後六年）、その後はローマの直接支配下に置かれ、ローマ総督が大祭司の任命権を得る。このときセティの子アナノスが大祭司に任命されるのだが、このアナノス家は彼を入れて七人の大祭司を輩出することになる。ヘロデの支配から対ローマ戦争までの百五年間（前三七年―後六八年）に二十七人の大祭司が任命されているが、フィアビ家、ボエートス家、アナノス家の三家系だけで十五人の大祭司を出している。

こうして次々と大祭司が交代されると、大祭司経験者たちや大祭司の家族たちが同時に存在するという状態が生まれる。使徒行伝には、「彼（大祭司）と共にいる者たちすべて、（すなわち）サドカイ人たちのセクト」（使五17）という言い方でサドカイ派が言及されているが、ヨセフスや新約聖書から知られる後一世紀のサドカイ派とは、ヘロデ王やローマ総督といった政治権力の傀儡（かいらい）となることで社会的地位を確保した大祭司の家族たちとそれを取り巻く貴族たちのことである。「サドカイ」（ヘブライ語ではツドゥキーム）という名前は「ツァドク」に由来し、ツァドク系祭司の家系であること、それゆえに貴族階級であることを表している。このことは、ヨセフスが「サドカイ派が味方につけたのは裕福な者たちだけで、大衆は彼らに従わなかった」（古代誌一三298）、「（サドカイ派の）教えはわずかな者に（のみ）受け入れられたが、それは最も高位の者たちである」（古代誌一八17）と言うことと一致

している。ヨセフスによると、「サドカイ派は、運命を完全に否定し、悪を行うことや計画することを超えたところに神を位置づけた。彼らは、善悪の選択は人間にゆだねられており、この二つのどちらを行うかは各人の意志によると言う。魂の死後の存続も黄泉における罰も報いも彼らは否定している」（戦記二164-165）。新約聖書も「復活はないと言っているサドカイ派」（マコ一二18）、「サドカイ派は復活も天使も霊もないと言っている」（使二三8）と記している。政治権力と結託することで自らの富裕な地位を獲得している彼らにとって、復活や死後の生や報いが無用であっただろうことは想像に難くないが、霊魂不滅の思想がヘレニズム文化の影響でユダヤ教に入り込んできた経緯を思えば（上記第四章3-1-2）、伝統的な立場を固守しているともいえる。預言者マラキの「（祭司は）万軍のヤハウェの御使いである」（マラ二7）という理念からすれば、神殿で神に仕える祭司たる彼らにとって「天使」なるものは不要であったし、神殿に鎮座する神が個々人の振る舞いにかかわるとする運命論も彼らには疎遠であった。（大）祭司という地位によって高位を獲得していたサドカイ派は、後七〇年の神殿崩壊とともに歴史から姿を消すことになる。

ファリサイ派については、ヨセフスは次のように紹介している。

古代誌一八12-15「ファリサイ派は生活を質素にし、贅沢を認めない。彼らは彼らの教えが善いものとして認め伝えてきたことの支配に従い、それ（彼らの教え）が命じたことの遵守のために戦うべきと考えている。彼らは年長者に敬意を表し、その提案にあえて異議を唱えたりはしない。彼

らはすべては運命によってなされると考えているが、自身の活動についての人間の意志を否定しない。混合のあること、（すなわち）徳ないし悪をもつ人間の意志が運命の意志に加わることを神がよしとされているからである。彼らは魂には不死の力があると信じており、地下では生前に徳を追求したか悪を追求したかによって報酬か罰があり、一方には永遠の牢獄が、他方には復活への容易な道が用意されているとする。これらのことのゆえに彼らは大衆から大いに信頼され、祈りであれ祭事であれ、すべての神事は彼らの解釈にしたがって実践されている。諸都市（の住民たち）は、彼らが生き方においてもその教えにおいてもすべてにおいてより善いものを追求し、このような高い徳にいたっていることを証した」。

すでに見たように、ファリサイ派は「父祖たちの伝承」を受け継いで伝えてきたのであり、それを守ることを第一に考えていた。それゆえ、伝承の伝え手である「年長者」に敬意を表すのは当然のこととなる。ファリサイ派は、エノク派と同様に、復活も天使も霊の存在も信じているし、最後の審判も信じている。ただし、復活に到るには自分の意志でその教えに従って生きることが求められる。考え方としては、前章で見たソロモンの詩篇に近い——ソロモンの詩篇の著者・編者をファリサイ派と考える研究者は少なくない。ヘロデの時代以降、サドカイ派が政治権力と結託したため、ファリサイ派はかつての女王サロメの時代のように直接的に政治権力を掌握することはできなくなった。そのため、市井の中での活動に力を入れたようであり、それがヨセフスの言う大衆からの支持に繋がったのであ

ろう。ただし、ファリサイ派は清浄規定に強いこだわりを持っていたと考えられるため（上記マコ七3－4）、基本的に都市居住者であり、エルサレムないしその近郊諸都市に集まっていたと考えられる。ヨセフスによると、ヘロデ時代のファリサイ派は（成人男子で）およそ六千人とされ（古代誌一七42）、人数としてはそれほど多くはない。イエスの後を追ってガリラヤの村々に頻繁に顔を出すファリサイ派という福音書から得られるイメージは、後の時代のファリサイ派とキリスト派の対立の反映であって、イエス時代のガリラヤを映しているとは言い難い。したがって、パレスチナ全体あるいはディアスポラの地も含めたユダヤ人共同体全体に直接的に与えた影響が大きいとは考えにくいが、すでに律法を遵守するのが当然の前提になっているユダヤ人にとって、それを熱心に守る者が永遠の生命を得るといった考えは広がり易かったであろう。ヘロデの強圧的な支配とそれ以降のローマの直接支配は、ユダヤ人の間に反異邦人感情をともなう民族意識の高まりをもたらしたが、それは民族としての一体感を醸成するよりは、それを乱すと見なされた者の排除を生み出した。ファリサイ派やその他のセクト運動の活発化は、セクトに属さない大多数のユダヤ人のあいだに、セクト的価値観——二元論的世界観にもとづく個別主義——を広めることになった。

なお、対ローマ戦争敗戦と神殿崩壊の後に、律法の教師たち——ラビ（「わが師」の意）——の指導の下にユダヤ教が再建されていき、それをラビ・ユダヤ教と呼ぶ。これはその後のディアスポラの時代を生き延びて今日に至るユダヤ教の形態である。ラビ・ユダヤ教は広くファリサイ派の後裔と考えられてきた。キリスト教の教父たちはそのように見なすことで、福音書の描くイエスと対立するファ

リサイ派を自分たちと同時代のユダヤ人の祖先と見なすことで反ユダヤ主義を正当化してきた。後のラビたち自身もタルムードの議論においてしばしば自分たちの祖先をファリサイ派として語り、サドカイ派を敵対する者として描いている。しかし、こうした後代のイメージは必ずしも歴史的に正確な描写とは言えない。最古のラビ文献であるミシュナー——後二〇〇年頃のハラホットの集成——にもファリサイ派（ヘブライ語はプルーシーム）への言及はあるが、そこではラビたちは彼らを自分たちとは別の少数グループと見なしている。エルサレム第二神殿（前五一五年—後七〇年）は、五百八十五年のあいだユダヤ教の中心であり続けたのであり、その崩壊はユダヤ教のあり方を根本から問い直すことを要求する出来事であった。新しいユダヤ教のあり方を模索したラビたちの運動には、セクトを越えた再建への思いをもつ者が集まったのであって、ファリサイ派の出身者もいたにせよ、それ以外のセクトの出身者もどのセクトにも属していなかった者も、祭司も非祭司も加わったと考える方が妥当である[5]。

3　エッセネ派とクムラン共同体

3-1　エッセネ派

エッセネ派については、大プリニウスとヨセフスに加えてアレクサンドリアのフィロンも言及して

いる。

プリニウス『博物誌』五73「[死海の]西岸に、エッセネ人たちは[健康に]害をなすところを常に避けて[住んで]いる。孤立した一族で、全世界において他の何ものにもまして驚異である。まったく女性なしで一切の性欲を拒み、金銭なしで棕櫚(しゅろ)が伴侶である。それは集まる者の群衆で毎日等しく再生する、人生に倦(あ)き、彼らの生き方へと運命の波によって追いやられた者たちがたくさん訪れるがゆえに。それゆえ、数千世代をとおして――信じがたいことだが――この一族は、一人もその中に生まれないのに永遠にある。すなわち、他の者たちの人生の悔いが彼らには豊かな実りなのである。彼らの下方にかつてエンゲディの町があった」。

プリニウスによると、エッセネ派はエンゲディの北方の死海西岸の海岸から少し離れたところで共同生活をしている。そこに女性はおらず、金銭をもたない。新参者が頻繁に来るのでそれでも存続しているということになる。エッセネ派が女性を避けるということは、ヨセフスにも言及がある(ユダヤ戦記二120–121、ユダヤ古代誌一八21)。金銭については、財産共有制についてヨセフスが報告している(戦記二122、古代誌一八20)。他方、プリニウスとは異なり、ヨセフスとフィロンは、エッセネ派は多くの諸都市、多くの村々に住んでいるという。

戦記二124「彼ら（エッセネ派）の都市は一つではない。どの都市にも多くの者が住んでいる」。

フィロン『自由論』一二75-76「彼らの中のある人々は、エッサイの人々の名前で呼ばれている。……これらの人々はとりわけ村に住んでおり、都市住民たちの習慣となった無法ゆえに町々を避けている」。

フィロン『ヒュポテティカ』一一1「彼らはユダヤの多くの都市にも住んでいるが、多くの村々、そして人が多く集まる大集落にも住んでいる」。

さらにヨセフスによると、結婚することをよしとするエッセネ派もいたという。

戦記二160「エッセネ人たちのもう一つの集団がある。生活様式や、諸習慣、諸規則は他と同じであるが、結婚に関しては異なっている。結婚しない者たちは生命の大切な部分、すなわち継承を断ち切り、さらにはもしすべての者が同じ見解をもてば、種族はすぐに滅びてしまうと彼らは考える」。

これらの記述を合わせると、エッセネ派はあちこちの村々で共同生活をしていたが、エンゲディの北に本拠地とも呼べる居住地を有し、財産を共有して未婚男性が集まって暮らすことが基本であったが、中には結婚して子孫を残すべきと考える者もいた、ということになる。

一九四七年の冬に死海沿岸の洞窟から巻物が見つかった。いわゆる死海文書の発見である。また、エンゲディ北方のクムランから居住跡も見つかった。現時点で十一の洞窟から八百余りの文書が発見されている。そのうち二百強が聖書の写本であるが、残りのおよそ六百は、これまで外典や偽典として知られていたものの写しと、これまでその存在を知られていなかった諸文書を含んでいた。この知られていなかったものの中に、特定の宗派の共同生活にかかわると思われる諸文書（以下、クムラン文書）が見つかり、その内容からこれらの文書を書き写した人々はプリニウスやヨセフスの言うエッセネ派の人たちであろうという仮説が受け入れられている。すなわち、クムランの遺跡で共同生活をしていた人たちがいて、その人たちがこれらの巻物を書き写したと考えられている。なお、この居住跡は前二世紀（または前一世紀）にはじまり、後六八年にユダヤ人の居住は終わっている。これは対ローマ戦争によってこの地を追われたためと考えられ、巻物が洞窟に隠されたのは、ローマ兵から巻物を守り、戦後に取りに戻るつもりであったからと推測される。ここではエッセネ派とクムラン共同体を同定する根拠となる記述を死海文書から挙げる(6)。

まず、財産共有制については、次のような記述がある。

共同体の規則（1QS）I 11-13「そしてかれの真実に志願する者たちすべては、自分たちの知識と力と財産すべてを神の共同体（ヤハド）にもたらして、神の諸々の掟の真実によって自分たちの知識をきよめ、かれの諸々の道の完全さのとおりに自分たちの力を正し、かれの義の計画のとおりに

自分たちの全財産を（正す）」[7]。

ここでは、この共同体に入ろうとする者は財産のすべてを差し出すことが求められており、ヨセフスの記述と一致する。なお、ここで「共同体」と訳されているヘブライ語は「ヤハド」であり、これがこの共同体の自称であったと考えられている。

独身制についてはそれを明言する文書は見つかっていないが、結婚するメンバーの存在を想定した規則が残っている。

ダマスコ文書（CD）Ⅶ6-7「そしてもし、彼らがこの地の規則に従って陣営に住み、妻を娶り、子どもをもうけるならば、彼らは律法の言葉に従って歩まなければならない」。

会衆規定（1QSa）Ⅰ4「彼ら（新規メンバー）の来るとき、彼らは（新しく）入る者たちすべてを、子どもから女性たちまで集めて、［彼らの耳］に契約の掟［す］べてを読み聞かせ、彼らが［自らの諸々の過失］によって過たないために、彼らの諸裁きすべてについて彼らに悟らせる」[8]。

ダマスコ文書の規則によれば、「この地の規則に従って」「妻を娶って」生活する集団とそうでない集団の存在が前提されているようであり、そうであればヨセフスのエッセネ派の記述と合致する。ただし、会衆規定の記述はクムラン共同体に子どもと女性がいた可能性を暗示するので、この点について

はそれほど明確ではない。

3-2　クムラン共同体

会衆規定（1QSa）I 1-3「そしてこれは、日々の終わりにおけるイスラエルの全会衆のための規則である。そのとき、彼らは集まって［共同体となり］、民の道［を歩むことからそ］れた祭司たちであるツァドクの子らと彼らの契約のひとたちの法規に従って［歩］む。彼らはかれの会議のひとたちであって、［地のためにあ］がなうため、邪悪のただ中でかれの契約を守ってきたのである」。

まず、「日々の終わりに」という表現から、この共同体が間近な終末を意識していたことが分かる。また、「イスラエルの全会衆」という表現を用いながらも、「民の道［を歩むことからそ］れた」人たちの法規に従うということから、「イスラエル」の名に値するのは自分たちだけであって、たとえ生まれがユダヤ人であったとしてもこの共同体に属さない者はもはや「イスラエル」とは認めない、否むしろそういう「民」から離れたのだ、という自意識を読み取ることができる。民一般から分離するのは、「［地のためにあ］がなうため」とされる。終末が来て自分たち以外の人類が裁かれた後に、「地」——とはつまり全世界——を選ばれし聖なる者たちだけが生きる世界へと「あがなう」ことがこの共同体の存在理由とされる。すなわち、もうじきこの世に終わりが来る、だからそれに備えて、一般のユダヤ人から離れて自分たちだけの共同体を作るのだ、それはこの世が終わったときに世界をあがな

うためだ、というのである。

この共同体のリーダーは、「祭司たちであるツァドクの子ら」とされる。ここでは複数形のリーダーたちが考えられているが、個人ととれるリーダーへの言及もある。

ダマスコ文書（CD）I 1-11「さあ、聞け、義を知り、神の御業（みわざ）を分別する者たちはすべて。[2]じつに、かれは肉なる者すべてと（裁きの座で）争い、すべてかれを侮る者たちには審判をくだす。／[3]じつに、彼らが神を棄てた不実のゆえに、かれはイスラエルと自分の聖所から顔を隠し、[4]彼らを剣に渡した。しかし、神がはじめの者たちとの契約を想起したとき、かれは残りの者たちを[5]イスラエルに残し、彼らを滅亡に渡さなかった。憤怒の時に、三百九十年（を経て）、[6]神が彼らをバビロニアの王ネブカドネツァルの手に渡した（後）、[7]かれは彼らを顧み、イスラエルとアロン（の家系）から植えた根を芽生えさせ、[8]かれの地を受け継ぎ、かれの大地の恵みで豊かになるようにした。彼らは自分たちの咎（とが）を理解し、そして知った、[9]自分たちが罪責ある者たちであり、盲人のよう、また二十年も道を手探りする者たちのようであった、と。／[10]神は彼らの業について、彼らが十全の心をもってかれを求めたことを理解した。[11]そこで、かれは彼らのために義の教師を立て、ご自身の心に沿って彼らを歩ませようとした」。

ここではバビロン捕囚を民の「不実」ゆえに神が顔を隠したことと捉えるが、「残りの者たち」が残

されていて、三百九十年後にその残された者たちを神は顧みたという。彼らが残されたのは、「イスラエルとアロン」――ダビデ系と祭司系の二人のメシア（後述）――の根が芽生え、彼らが「かれの地」――とはつまり全世界――を支配するようになるためであるという。この「残りの者たち」は、おそらくクムラン共同体メンバーであり、彼らが自分たちの罪責に気づいて二十年間さまよった後に、彼らのために神が「義の教師」を立てたという。すなわち、「義の教師」なる者がこの共同体の設立者ということになり、この共同体が「ツァドクの子ら」の支配を受け入れていることからすれば、この「義の教師」もツァドクの家系の者と考えられる。「義の教師」については、ハバクク書ペシェル（1QpHab）にも記載がある。

ハバクク書ペシェル（1QpHab）I 12–13「『［公義は行われず、邪悪な者は］義人を［囲んでいる］』（ハバ一4）。［その解釈。邪悪な者とは邪悪な祭司であり、義人とは］義の教師である」。

XI 2–8「『わざわいなるかな、その隣り人に酒を飲ませる者、その怒りをも混ぜ合わせて。彼は、彼らの祭を見ようとして、彼らに飲ませた』（ハバ二15）。その解釈は邪悪な祭司にかかわる。たしかに、彼は義の教師の後を追い、彼（義の教師）の離散の家で、自らの憤怒をもって彼を呑みほろぼそうとした。贖罪日（しょくざいび）の休息の祭の時期に、彼（邪悪な祭司）は彼らに現れ、彼らを呑みほろぼし、彼らをつまずかせた、断食の日、彼らの休息の安息日（あんそくび）に」[9]。

「義の教師」は「邪悪な祭司」と対立し、エルサレムから離れた場所（ダマスコ？）にいたが、贖罪日に迫害（殺害？）されたという。この「義の教師」（および「邪悪な祭司」）が誰かについては議論がある。先にマカバイ戦争前後の大祭司職継承争いについて触れたが（第1節）、そこに記したように前一五九年からヨナタンが大祭司に任命される前一五二年までの七年間については、だれが大祭司であったか知られていない。もしかすると、正統なツァドクの血を引く者がこの間の大祭司職を務めていたのに、ヨナタンがシリアとの政治的駆け引きの結果としてこの者から大祭司職を奪ったのだとしたら、この者がエルサレムを離れたのも、またその血統ゆえにヨナタンが彼を追って迫害したことも説明できる。ただし、「義の教師」が特定個人を指す尊称ではなく、継承される職名だとすれば、「義の教師」は時代の推移とともに複数いたことになり、それに応じて「邪悪な祭司」も複数いたことになる。「義の教師」（と「邪悪な祭司」）の特定は今なお未決の問いとして残っている。

いずれにしても、「邪悪な祭司」が「義の教師」を贖罪日に攻撃できたということは説明を要する。大祭司は贖罪日には神殿で祭儀をしなければならないからである。ありそうな説明としては、エルサレム神殿とクムラン共同体とでは、異なる暦を用いていたというものである。神殿では一年三百五十四日の太陰暦が用いられていたと考えられるが、死海文書のいくつかは、エノク書と同様に一年三百六十四日の暦を前提としている。

先に引用したダマスコ文書（I 7）に「イスラエルとアロン（の家系）から植えた根」という表現があったが、この組み合わせは共同体の規則にも現れる。

共同体の規則（1QS）Ⅸ11「預〔言〕者およびアロンとイスラエルのメシアたちが来るまでは」。

終末時に預言者が現れるとする考えは、聖書に根拠をもつ。[10]メシアは「(頭に)油を注がれた者」の意で、そのギリシア語訳が「キリスト」である。人はヤハウェの命令により、頭にオリーブ油を注がれて、祭司（出二八41等）、王（サム上一五1等）、預言者（王上一九16）とされたが、ここのように固有名詞で限定される例は聖書には見られない。「アロンのメシア」は祭司系メシア、「イスラエルのメシア」はダビデ系のメシアを指すと考えられ、二人のメシアの到来が期待されている。[11]ハスモン王朝時代以降、大祭司も王もその正統性を欠いていた。そうした中で、ゼカリヤ書四章14節にもとづきつつ、正統な祭司、正統な王の出現が待望されたのは想像に難くない。なお、キリスト教はイエスをキリスト＝（イスラエルの）メシア＝ダビデの子＝神の子と同定するが、新約聖書のヘブル書では大祭司とも同定する（ヘブ五4－11参照）。

フィロンによると、エッセネ派の人々は「動物を犠牲祭儀にせず、むしろ彼ら自身の思いを聖(きよ)く保つことが価値あることと考えている」[12]（自由論一二75）。クムラン共同体の創設者と目される「義の教師」がエルサレム神殿に仕える大祭司に迫害され、また神殿とは異なる暦を使用していたとすれば、クムラン共同体メンバーがエルサレム神殿で供犠を捧げることを望まなかったことは容易に想像できる。

フロリレギウム［詞華集］（4Q174）一 i ＋二＋二一 3-6 「『あなたの両手が備［え］た［聖所］、ヤハウェよ。ヤハウェは永遠に永久に統べ治められる』（出一五17-18）。……（中略）……[6]そしてかれは自分のために人間の聖所を建て、その中でかれのためにかれの前で律法の業を焼き尽くす煙の捧げ物とするよう言った[13]」。

神殿祭儀を行わないクムラン共同体の人々は、自分たちの日々の生活（「律法の業」）を供犠の代わりと解釈したのである。

3-3　運命論と終末論

ヨセフスは、ユダヤ教の三つの主要セクトを説明する際に、運命についての考え方をその相違点として挙げる。

古代誌一三172-173「ファリサイ派は、ある出来事は――すべてではない――運命の仕業であるが、他のある出来事はそれが起こるか否かはわれわれ自身にかかっていると言う。他方、エッセネ派は運命がすべての支配者であり、運命の決定によらずには人間には何も起こらないと言う。サドカイ派は運命を否定し、そのようなものは存在せず、人間の事柄がそれにしたがって成就することはなく、むしろすべてはわれわれ自身に委ねられていると考えている。すなわち、幸福の原因は

われわれ自身であり、不幸に苦しむのもわれわれの無思慮の結果なのである」。

この特徴づけは図式的であるが、死海文書にも明確に運命論を前提とする考えが記されているところが残されている。

共同体の規則（1QS）Ⅲ13―Ⅳ26「賢者に。（彼は）光の子らすべてに、人の子らすべての本性について、悟らせ、かつ教えること、……（中略）……[18]またかれはひとを創造して世界を統治させ、かれの報いの定めの時期まで（人が）それらによって歩むべき二つの霊を彼に置いた。これすなわち[19]真実の霊と不義の霊である。……（中略）……[IV 15]これら（二つの霊）に人の子らすべての本性があり、彼らの諸々の群勢すべては、代々にわたって、それら（二つ）の割り当てを嗣ぎ、それら（二つ）の道を歩む。彼らの諸業のはたらきすべては、[16]人の嗣業の多寡にしたがって、世々の時すべてにわたって、それらの割り当てによる。……（中略）……[18b]しかし神は、かれの思慮の秘義とかれの栄光の知恵とによって、不義の存続する時を定め、報いの時期には[19]永久にそれを根絶する。そしてそのとき、真実が世界に現れ出でてとわに（続く）。なぜなら、それ（世界）は不義の統治下にあって邪悪の道にまみれたのである、[20]決められた裁きの時期まで。そしてそのとき、神はその真実によって男の諸業すべてをきよめ、自分のために人の子らから（ある者たちを）煉り清める。……（中略）……[22]（そうして）正しい者たちはいと高き方の知識を悟り、

また道の完全な者たちは天の子らの知恵を洞察するのである。……（中略）……[23b]今に至るまで真実の霊と不義の霊が男の心の中で争い、[24]彼らは知恵の中を、あるいは無知の中を歩んでいる。人の嗣業が真実にあれば彼は義しくなり、その結果、不義を憎む。しかし、彼の継承が不義の籤にあればそれによって邪悪を行い、その結果[25]真実を忌み嫌う。……（後略）……」。

人間には、真実の本性と不義の本性のどちらかが「籤」によって割り当てられているという。「籤」によるということは、真実と不義のどちらに行くかは運しだいということであり、ヨセフスが「運命がすべての支配者」と言うのも間違いではない。ただし、運命論は神を全知全能と想定すれば自ずと必要になるものであり、他方でそうするとなぜ世界に悪が存在するのかという神義論が生じる。そこで不義の存在を神の「秘義」とし、それには時期が定められていて、その時が来れば不義は根絶され、世界は清められるという。そしてその終末の時には、「正しい者たち」は神の「知識」を悟り、「完全な者たち」は天使の「知恵」を洞察するという。クムラン共同体もまた、人間は理想状態になれるという救済預言の系譜に属している。

共同体の規則（1QS）は、「賢者の讃歌」で締めくくられるが、その一部にこの共同体の位置づけが語られている。

共同体の規則（1QS）XI 5b-8「永遠に在るものをわが目は視た、ひとから隠された深慮、人間の子

らから（隠された）知識と賢い方策、肉の集団から（隠された）正義の源、大能の大水と栄光の泉を。神が選んだ者には、かれはそれらを永遠の所有として与え、彼らに聖なる者たちの籤を嗣がせ、彼らの評議会を天の子らと結び合わせて共同体の会議とし、また在ろう各時代における永遠の植栽のための聖なる建物の基とした」。

おそらくクムラン共同体のリーダーであろうこの讃歌の歌い手である「賢者」は、神の秘義を見たという。そしてそれは「神が選んだ者」――クムラン共同体――に「永遠の所有」として与えられている。それゆえこの共同体は「天の子ら」――天使たち――の共同体の一部であって、終末後の永遠の世界の基であるという。この段落は、終末後の世界を描いているようでありながら、過去形で表現されている。すなわち、ここに描かれていることが実現するのは終末後ではあるけれども、すでにこの共同体が存在していてそのメンバーがいるからには、すでに自分たちは天使の仲間なのだという強烈な自意識が表されている。それゆえに、クムラン文書には「復活」への期待を明言する箇所がきわめて少ない。「復活」は前提とされているだろうけれど、それ以上に、現在のこの共同体においてすでに終末後の世界が実現しているという現在終末論の意識は特徴的である――この現在終末論はキリスト教のヨハネ福音書のそれときわめて類比的である。

クムラン文書には、終末時の最終戦争を描く文書もあった。戦いの巻物（1QM）と名づけられている。

戦いの巻物（1QM）Ⅰ1–3「[賢者]に。戦い[の規則]。光の子らの手出しの最初は、闇の子らの籤に対して始められる、(すなわち、)ベリアルの軍団に、エドムとモアブとアンモンの子ら[2]とペリシテ［……］の軍隊に、そしてアッシリアのキッティームの諸軍隊に対して。そして彼らと共に助けとして契約を犯す者たちがいる。レビの子らとユダの子らとベニヤミンの子ら、荒野の捕囚民が彼らと戦う、[3]［……］彼らの諸軍隊すべてに対して、光の子らの捕囚民が諸民の荒野から戻り、エルサレムの荒野に宿営するときに」(14)。

「ベリアル」は、聖書では「無価値な者」（サム上二12、サム下一六7等）の意で用いられているが、クムラン文書では悪魔化した堕天使のリーダーを指す。すなわち、「闇の子ら」の支配者のことである。「エドムとモアブとアンモンの子らとペリシテ」は、イスラエルの地および周辺に住む異民族のことであり、「アッシリアのキッティーム」はギリシアかローマを指すと考えられている。「レビの子らとユダの子らとベニヤミンの子ら、荒野の捕囚民」とは、クムラン共同体のことである。すなわち、「光の子ら」であるクムラン共同体は、「闇の子ら」である悪魔的存在、イスラエルの近隣諸国民、そして世界の大国との最終戦争を戦い、最後はそれに勝利することが書かれている。この続きには、戦いに必要な道具（ラッパ、軍旗、剣と盾）の準備と陣列の配置、戦いの局面ごとに朗誦される祈りと祝福の言葉が書かれている。戦争にしては儀礼的な要素の多い記述であり、現実の戦争を想定していると

は言い難いが、最後は神の介入によって勝利を収めることになっている。

ヨセフスによると、エッセネ派の人たちは対ローマ戦争に参戦し、拷問に耐え忍んだという（戦記二131-133）。「キッティーム」がもともとギリシアを念頭に置いていたかローマだったかは議論が割れているが、対ローマ戦争に挑んだとするならば、そのときの共同体メンバーは、「キッティーム」をローマと同定して、最終戦争のつもりで戦った可能性がある。戦いの巻物には、「光の子ら」の中にも犠牲が出ることを想定した記述がある（戦いの巻 1QM XVI 11-16）。また、クムラン文書の一つである安息日供犠の歌の第五歌には、天上における終末論的な天使の戦いが描かれている[15]。上述のように、クムラン共同体はすでにこの世において天使の共同体と一体化していると考えていた。彼らの地上での戦いには、天上での天使たちの戦いがともなっていると考えていても不思議ではない。この安息日の供犠の歌の写本が、マサダ――対ローマ叛乱軍が最後まで戦いとおした最後の砦――からも見つかっている。このことは、クムラン共同体メンバーの一部がマサダで叛乱軍とともに戦った可能性を示唆する。地上での戦いに神が介入することへの期待が、大国ローマとの戦いを鼓舞した可能性は高い。

4　ガリラヤのユダ――反ローマ武力闘争と終末論

上述のように（第2節）、ヘロデの死後、領土が三人の息子たちに三分割され、長男のアルケラオス

がユダヤとサマリア地方の支配者になるが、十年で罷免され（前四年―後六年）、その後はローマの直接支配下に置かれることになった。ローマは徴税のために人口調査を行った。これに対して叛旗を翻し、武力闘争を展開したのがガリラヤのユダとファリサイ派のツァドクである（戦記二118／古代誌一八1–6、使五37）。ユダの一派について、ヨセフスは次のように説明する。

古代誌一八4–5「さて、ガマラという名の都市出身のガウラニティス人ユダスは、ファリサイ人サドコスを引き連れて、叛旗を翻すよう促した。彼らは、『この財産評価はまさに奴隷へと導くもの以外の何物でもない』と言ってこの民族に自由への支援を呼びかけた。（そうすれば）財産の繁栄をもたらし、（それを）確立することができるか、あるいはそれに失敗したとしても、大いなる誇りとなる名誉と名声をなすことができるかのように。『神は同じ熱意をもってこの企てが成功するよう助けてくれるに違いない、とくにより大きな事々を愛する者たちが[16]、自分たちに降りかかる虐殺[17]から逃げだすことなく信念をもって立ち向かっていくならば』と」。

同23「（この一派は）ほぼすべての見解についてファリサイ派と一致するが、自由への不屈の情熱があり、彼らには神が唯一の支配者であり主であると固く信じている。彼らは、何であれ人間を主と呼んではならないということのために、異常な形で死ぬことも、親族や友人を罰することも少しも意に介さなかった」。

ガリラヤのユダの一派は、「ほぼすべての見解についてファリサイ派と一致する」というからには、律法規定の守り方や霊魂不滅と死後の生についての考えをファリサイ派と共有しているということ、平たく言えばファリサイ派の中の過激派ということになる。ユダの信念は、ユダヤ人にとって「神が唯一の支配者であり主である」というものだった。十戒の第一戒（出二〇3）への妥協なき態度は、いかなる異邦人支配も認めず、それが「自由への不屈の情熱」の源であり、それゆえに財産登録は「まさに奴隷へと導くもの」であるから、異邦人だけでなく、異邦人支配者を認めるユダヤ人に対しても暴力を容認したとされる。財産登録拒否の背景には、ヘロデとアルケラオス時代の重い税負担に対する不満があったと考えられる。ヘロデ死後に各地で叛乱が起きたが（戦記二55-65／古代誌一七269-285）、それはそうした不満の現れの一つであった。人々はアルケラオスに減税を要請したが、それは受け入れられず、ユダヤとサマリアの人々はカエサルにアルケラオスの弾劾を直訴している（戦記二4-13、111）。ローマ人が新しい支配者としてユダヤに来た時、最初に行ったのが徴税のための財産登録であり、さらなる重税への懸念は当然だった。実際、後一七年に彼らは減税の要請を行っている（タキトゥス年代記II四二5）。重税を担わされる農民の生活はまさに「奴隷」状態にあった。ユダはこうした政治経済状況の打破を、「神が唯一の支配者であり主である」という神学的スローガンによって訴えたのである。

ユダヤ人にとって異国支配下にあることは常態だった。民族共同体内部の神聖政治が保たれている限り、異国に貢納することは問題とならなかった。ヘロデの登場が状況を変えた。ヘレニズム都市の

建設や神殿の大門への黄金の鷲像――ローマ支配の象徴――の建立は、異国支配を可視化させた（戦記一648-655／古代誌一七149-167）。ご都合主義的な大祭司の交代は、神の「御使い」（マラ二7）としての大祭司の権威を失墜させた。神聖政治の理想は名実ともに地に堕ちてしまった。財産登録に象徴されるローマ支配は、ユダヤ人に誰が真の主であるか、神なのかカエサルなのかという決断を迫る出来事となった。その決断を、ガリラヤのユダは「ユダヤ人であること」の基準とした。ユダの主張は、神支配を象徴する神殿の存在と異国支配という矛盾に対する、また「義人」にふさわしい「ユダヤ人とは誰か」というユダヤ性の問いに対するラディカルな解答だったのである。

ユダの「神かカエサルか」という問いは、「自由か死か」という選択を与えた。それゆえ彼らは「異常な形で死ぬこと」を意に介さなかった。さらにこの問いへの決断がユダヤ性の基準であるならば、カエサルを認める者はもはや「ユダヤ人」ではなくなる。それゆえユダとその仲間たちは、そうしたユダヤ人を偶像崇拝者として殺害することを認めた。そうした行為はピネハスとマタティアスの前例から正当化されえた（民二五章、Iマカ二23-26）。ローマ総督に任命される大祭司たちは偶像崇拝者であり正統性はないのに、その彼らが富み、貧しい農民は重税によって苦しめられている。ユダ自身が大祭司を殺害したという記録はないが、この運動を受け継いだユダの子らはシカリ派を率いて、それを実行していくことになる（次章）。

「神が唯一の支配者であり主である」という主張は、人間の代理者を認めないわけではない。神聖政治は正統な神の代理者をとおして実現されるはずだからである。しかし、大祭司に正統性が欠落す

るならば、他の権威が必要となる。ユダはおそらく王メシアを名乗った。ユダの子孫が抵抗運動の指導者であり続けたのは、ユダがメシア的存在として見なされていたからであろう。ファリサイ派ツァドク（ギリシア語音写サドコス）の後の共闘も、その正統な大祭司の家系を表す名前に意味があっただろう。上述のように、ダビデ系と祭司系の「二人のメシア」という考えは死海文書等から知られている。彼らはこの世の終わりに現れ、イスラエルの敵を倒し、世界に救いをもたらす者と信じられていた。[18] 対ローマ戦争の初期にユダの孫メナヘムは「王衣で」身を飾ったとされるが（戦記二444）、彼は元大祭司アナニアスの子エレアザルと共闘していた（次章）。第二次対ローマ戦争として知られるバル・コホバの乱のときにも、戦争指導者であるバル・コホバは「ナスィー・イスラエル」――「ナスィー」はメシアの別称号――を名乗り、かつ祭司エルアザルと共同でリーダーシップを発揮した（バル・コホバと祭司エルアザルの共闘は、そのコインから知られている）。すなわち、二度の対ローマ戦争の時にも「二人のメシア」という理念は生きていた。それゆえ、ユダとツァドクも二人のメシアとして終末論的戦いを導こうとしていた可能性が高い。

終末意識はユダに、「神が唯一の支配者であり主である」という理念を実行すれば、神もまた彼らを助けてくれるはずだという信念を抱かせた。ユダにとって異国の支配者への叛乱は神との共闘であった。対ローマ戦争の最後の段階でヨセフスは「神は彼ら（ローマ）の側についている」（戦記五368）と呼びかけているが、このことは叛乱軍の方は、神は自分たちの側についていると考えていたことを示唆する。しかし、民の振る舞いが神の歴史への直接介入を促すというユダの信念は、ユダヤ民族に

悲劇的な帰結をもたらすことになった。ユダの掲げたスローガンは、創造論を導く「神のみが王」という理念と言葉遣いはよく似ているが、その内容は真逆のものである。後者は人間には神の意思を知ることができないという不可知論の表現であるのに対し、前者は人間の態度に応えて特定の人間に都合よく振る舞う神を想定している。これもまた終末論の系譜に属するのである。

結び

前三世紀に最初のセクトとしてエノク派が生まれ、前二世紀のマカバイ戦争を契機にファリサイ派、サドカイ派、エッセネ派が生まれた。ヘレニズム時代は、ファリサイ派とサドカイ派は政党としての役割りを果たしたが、ローマ時代に入るとサドカイ派が大祭司職を得ることで万年与党の地位を確立し、ファリサイ派は市井の運動として民衆に影響力を行使するようになった。エッセネ派は政治的な働きかけはあまり無かったようであるが、その存在は知られていたようである。さらに、ガリラヤのユダによる反ローマ武力闘争派も生まれた。後一世紀には、洗礼者ヨハネ教団の運動があり、またイエスの死後にキリスト派の運動もあった。その他にも預言者を名乗る運動が機をうかがっては現れた（古代誌二〇2–5、97–98、167–171、戦記二258–263）。後一世紀は多様なセクト運動が互いに対立・競合しながら花開いた時代であった。

しかし、セクト運動に実際に参加したユダヤ人口がそれほど多かったわけではない。ファリサイ派が六千人（古代誌一七42）、エッセネ派が四千人（古代誌一八20）、キリスト派が三千人（使二41）という数字が残されているが、これらがある程度の正しさを反映していたとしても、特定のセクトに属していたユダヤ人の割合は人口全体からすれば多くはない。こうしたセクト運動の民衆に与えた影響は、世界観と時代意識にあったと思われる。サドカイ派を除けば、これまで見てきたセクトの多くは、二元論的価値観をもち、また間もなく終末が来るという時代意識を共有している。

もうすぐ「この世」の終わりが訪れ、最後の審判が行われ、人間は「義人」と「罪人」に二分される。「義人」とされた者は終末後の「来るべき世」において永遠の生命を獲得し、「罪人」の判決を受けた者は永遠の責め苦に合う。こうした世界観――セクト的価値観――の蔓延こそがセクト運動による民衆への影響であり、これが後一世紀パレスチナの時代の空気であった。

問題は人間、あるいはユダヤ人を、「義人」と「罪人」に分ける基準である。セクトはそのセクトに属しているかどうかが基準になるが、セクトに属していない民衆はそれでも自分が「義人」の側にいると思いたい。そうなると曖昧な基準にもとづいて「ユダヤ人らしさ」が測られることになる。律法をそれなりに厳格に守っているかどうか、ローマにすり寄っていないかどうか、そういった何となくの基準で民衆の間が分断されていく――かつて戦前・戦中の日本において「大和男子・大和撫子」があるべき日本人とされ、そうでない者が「非国民」とされたように。そうなると、律法を守っていないように見える者やローマの手先として働いているように見える者が「ユダヤ人らしくない者」と

して社会から排除され、差別されるということが起こる。終末意識の広まる社会には差別もまた蔓延していくのである。

第七章　ユダヤ人が創造神を憎悪する出来事

1　第一次ユダヤ戦争（後六六―七四年）

弱小民族であるユダヤ人が大国ローマを相手に戦争を決意するにいたるまでには、長年にわたる数多くの出来事があった。とくにローマ皇帝ガイウスがエルサレム神殿に自分の像を建てさせようと命令したり（ユダヤ戦記二184-203、ユダヤ古代誌一八257-309）、ローマ総督の無理解や私利私欲に満ちた統治、大祭司家族たちの暴利謀略があった。[1] いくつもの集団ができて、互いに対立・競合しながら戦争に突入し、また戦時中も内戦を繰り返すことになる。そうした集団の中から、本節では前章で見たガリラヤのユダの子孫が作ったシカリ派の活動を概観する。

1-1　シカリ派――マサダ陥落まで

ヘロデの孫であるアグリッパ一世の短い統治（後四一―四四年）の後、パレスチナは再びローマ総督の支配下に置かれる。アレクサンドリアのフィロンの甥でユダヤ教を棄教したティベリオス・アレクサンドロスが属州ユダヤのローマ総督として赴任した（四六―四八年）。この頃、ユダヤを大飢饉が襲い人々は困窮に苦しんでいた（古代誌二〇51-53、101、使一一27-30）。そうした中、ガリラヤのユダの息子ヤコブとシモンがアレクサンドロスの命令で磔刑に処された（古代誌二〇102）。磔刑であるということは、政治犯として処刑されたということであるから、何かしらの反ローマ運動を行ったということになる。ローマの直接統治に再び移行し、かつ飢饉で人々が困窮している中で、かつて名をはせたガリラヤのユダの息子たちが反ローマの活動をすれば、民衆の間である程度の支持を得られたであろうことは想像に難くない。

総督フェリクスの時代（五二―六〇年?）には、パレスチナはさらなる騒擾によって荒れていく。反ローマ感情と農民の貧民化が結合して、国内に武装勢力があちこちにできてくる（古代誌二〇160）。フェリクスは、統治の仕方を改めるよう警告していた時の大祭司を、暗殺団を利用して殺害させてしまう（古代誌二〇162-164）。この暗殺団は懐に鎌形の短剣（シカ）をしのばせて暗殺したことから、「シカリ派」と呼ばれる（戦記二254-257）。総督アルビヌス（六二―六四年）は、シカリ派から賄賂を受け取り、逮捕されていた彼らの仲間を釈放したとされる（戦記二272-276、古代誌二〇208-210）。シカリ派について、

ヨセフスは次のように紹介している。

戦記二254－255「国が（叛徒たちから）浄化されると、叛徒たちの別の姿がエルサレムに生じてきた。シカリオイと呼ばれる者たちが、昼日中に都の真ん中で人々を殺害していた。とくに祭りのときには群衆に混ざり、服に短剣を隠し、それで敵対する者たちを刺すのであった。そうして（敵が）倒れると、殺人者たちは憤慨する者たちの一部となってしまい、そのためうまく騙しおおせてまったく見破られることがなかった」。

古代誌二〇186「そしてシカリオイと呼ばれる叛徒たちが当時増えていた。彼らはペルシア人たちのアキナケースほどの大きさの短剣を用いていたが、それは湾曲していてローマ人たちがシカと呼ぶものに似ていた。それからこの盗賊たちは名をとり、多くの者たちを殺戮していた」。

これらのヨセフスの記事だけ見ると、シカリ派は暗殺者集団のように見えるが、戦争勃発時とその終結時までを概観すると別の面が見えてくる。

戦記二408「その頃、とくに戦争を起こそうとしていた者たちが集まり、マサダと呼ばれる砦を襲撃し、密かにそこを占領し、ローマ人の守備兵を殺して、自分たちの守備兵を置いた」。

同二433－434「その頃、ガリラヤのユダと呼ばれた恐るべき知者——この者はかつてキュリニオスのと

きに神に従いながらローマ人に隷従したことでユダヤ人たちを非難した者——の息子のメナヘムが、知人たちを連れてマサダに下がり、そこでヘロデ王の武器庫をこじ開け、別の叛徒たちを仲間と共に武装させ、彼らを護衛に用いて、まさに王であるかのようにエルサレムに戻り、叛乱の司令官となって攻撃の指揮をとった」。

同四399-400a「エルサレムから遠くないところに強固な砦があった。古代の王たちが戦争のときに財産を隠し、また身の安全のために用意されたもので、マサダと呼ばれていた。これをシカリオイと呼ばれた者たちが占拠してしまったのである」。

ここからわかることは、戦争勃発直前にマサダの砦を襲ったユダヤ人グループがいたこと、そのグループのリーダーがガリラヤのユダの息子——または年齢的に孫かもしれない——メナヘムであること、そしてこのグループがシカリ派だったことである。すなわち、シカリ派はガリラヤのユダの子孫に率いられた集団だった。彼らがユダヤ人の敵対者を暗殺したのは、ユダの教えにしたがって、カエサルを認めるユダヤ人はもはや「ユダヤ人」とは認められないからであった。

他方、元大祭司アナニアスの息子で神殿警備隊長をしていたエレアザルという若者は、他の祭司たちとともに、アウグストゥス時代以来の伝統であったローマ人と皇帝のための犠牲を廃止し、対ローマ戦争の意志を明確に示した(戦記二409)。これら若き祭司たちはやがて「熱心党」(ゼロテ党)と呼ばれる集団を形成し、神殿崩壊までエルサレム内で対ローマ戦争を主導することになる。シカリ派と熱

心党は、叛乱初期には手を結んでいたようである（戦記二425–429）。それは、かつてガリラヤのユダが祭司の家系のツァドクと手を組んだように、二人のメシアという終末論的希望と関係していた可能性がある（上述）。しかし、エレアザルは父にして元大祭司のアナニアスが殺害されるとメナヘムに背き、仲間とともにメナヘムたちを襲い、捕らえて処刑してしまう。生き延びたシカリ派は、メナヘムの親族でヤイルの子エレアザル――すなわち、いまだなおガリラヤのユダの血縁――を指導者にしてマサダの砦に逃げ込む（戦記二433–448）。シカリ派は七〇年の神殿崩壊後もマサダ陥落まで反ローマ闘争を続け、最後は集団自決を遂げることになる（戦記四398–409、七253–262、275–406）。

なお、戦争勃発直前にシカリ派と手を組んだ熱心党は、記録保管所に放火し、金貸しの証文を焼き捨てて借金の取り立てを不可能にしようとした。それは借金にあえぐ貧者たちの反金持ち感情を叛乱へと結びつけるためであった（戦記二427）。熱心党は後にエルサレムが内戦状態になったとき、古式に則り、くじで大祭司を任命する（戦記四147–161）。それはローマと結託した大祭司たちに対する反発であり、宗教的復古運動であった。すなわち、対ローマ戦争勃発には複数の要因が複雑に絡み合っていた。一方でローマ総督の強圧的支配があり、他方で大祭司たちの親ローマ的・自己中心的態度があった。それは貧者たちの経済的不満を高め、武闘派を支持させた。武闘派は終末論的なメシアを自称して叛乱を指導し、若き祭司たちはユダヤ教を本来の姿に戻すことを夢見てローマとの戦いに突入した。動機はさまざまであったにせよ、大国ローマに武力で挑むには、かつてガリラヤのユダが言ったように、神の助けがあるはずだという信念があったに違いない。しかし、それぞれに異なる動機をもって

ローマに戦いを挑んだ結果、彼らは一丸となることはできず、むしろエルサレムを内戦の場としてしまった。籠城戦の舞台となったエルサレム市内は、ローマ兵に殺される前にすでに悲惨な状態にあった。グループごとに対立して殺し合い、食糧が不足して飢えに苦しんだ。その挙句に、エルサレム神殿が破壊され、炎上してしまった。それでも神は沈黙を守ったままだった。

1-2 戦後のシカリ派

シカリ派はマサダの集団自決でその活動に終止符を打ったわけではなかった。彼らの一部は北アフリカへ逃げ、そこでなお活動をつづけた。

戦記七409-411「さらにまたこの（マサダ陥落の）後、エジプトのアレクサンドリアで、ユダヤ人の多くが殺されるということが起きた。というのは、シカリオイの中で叛乱からそこへと逃げることのできた者たちは、生き延びたことで満足せず、新たな行動を企て、逃亡を受け入れてくれた者たちの多くに向かって、自由を求め、ローマ人たちが自分たちよりも決して優れていないことを認め、神だけが支配する主であると訴えたのである。そして彼らは無名ではないユダヤ人たちが反対すると、その者たちを殺し、他の者たちに呼びかけて叛乱へと促した」。

同437-450「シカリオイの狂気は、病いのように、キュレネの周辺の諸都市に燃え移った。[438]というのは、ヨナテスと呼ばれる邪悪な人間が——彼は織工だった——そこへと逃げ込むと、少なくない無産

の者たちを自分に味方するよう唆(そそのか)し、しるしと幻を見せると約束して荒野へ連れ出したのである。[439]これらのことは他の者たちに気づかれることなく騙しおおせたが、キュレネのユダヤ人たちの中の地位の高い者たちは、リビアのペンタポリスの知事カテュロスに、彼の出立とその準備について報告しておいた。……（カテュロスの派兵、ヨナテス一派の壊滅。[441]ヨナテスの逃亡と逮捕）……（ヨナテスは）処罰をまぬかれようと悪事をたくらんだ……[442]すなわち、彼は金持ちのユダヤ人たちがこの企みを自分に教えたと偽りを語った。……[445]……（カテュロスは）財の裕福さに抜きんでている者たちを一度に――全部で三千人(2)の男を――処刑した。……[450]……ウェスパシアヌスは……ヨナテスにはふさわしい処罰を与えた。すなわち、彼はまず責め苛まれてから、生きたまま火あぶりにされた」。

（……は中略）

シカリ派の生き残りは、アレクサンドリアおよびキュレネ周辺の諸都市へと逃亡し、そこでなお叛乱を継続しようとした。アレクサンドリアではシカリ派六百人が捕らえられ、拷問にかけられた（戦記七412-419）。しかし、キュレネでは巻き添えを食って多数の裕福なユダヤ人が殺されてしまった。古代において「裕福」であることは、指導的立場にある知識人であることをも意味し得た。パレスチナおよびエルサレムの悲惨な敗戦の後に北アフリカで起きた惨劇は、彼らにいかなる思いを抱かせただろうか。

ところで、ヨセフスは拷問にかけられたシカリ派の態度について、次のように語っている。

戦記七417-419「彼ら（シカリオイ）について、忍耐でなければ狂気かあるいは精神の強さと言うべきことに驚かされない者はいない。[418]というのは、彼らに対するあらゆる拷問と肉体への虐待が、彼らがカエサルを主と告白することのためだけに意図されたが、誰も屈することなく、（それを）口にしようとする者もなかった。むしろ彼らはみな、苦しみを超えた彼らの精神を護り、拷問と火あぶりを受けて肉体は無感覚になりながらも、魂はほとんど歓喜しているかのようだった。[419]とりわけ年端もいかない子どもたちは見物人を驚かせた。というのは、この者たちのうちの誰も強制されてカエサルを主と呼ぶことはなかった。すなわち、肉体の弱さに勇気の力が勝利したのである」。

このシカリ派の拷問に関するヨセフスの記述は、エッセネ派の拷問に対する態度の記述とよく似ている（戦記二131-133）。エッセネ派の一部は、マサダのシカリ派と合流した可能性がある（上述）。しかし、それ以上にここで注目したいのは、シカリ派の子どもたちの存在である。彼らは親の意思を引き継いだ可能性があり、それはディアスポラのユダヤ人の蜂起を準備することになったかもしれない。

1-3　敗戦への問い――終末の遅延

神の直接介入を期待して戦ったはずの戦争に負けただけでなく、「神の家」であるはずの神殿も炎

上してしまった。それでもなお神の介入はなかった。神への信頼を失い、ユダヤ教を離れる者もいたに違いない。そうした中で、なお終末の希望を語る書物が書かれた。第Ⅳエズラ記と呼ばれる書物である。[3] 同書は以下の文ではじまる。

Ⅳエズ三1–3「都の崩壊の三十年後、私サラティエル、すなわちエズラはバビロンにいた。そして寝床に横になっていると心乱れ、諸々の思いが私の心に湧き上がってきた。なぜなら、シオンの荒廃とバビロンに住んでいる者たちの豊かさを私は見たからだ。私の霊は大きく煽(あお)られ、至高者に畏敬の言葉を語りはじめた」。

「サラティエル」は、ヘブライ語のシェアルティエルのギリシア語音写であり、シェアルティエルはバビロン捕囚から帰還して第二神殿再建前に活動したゼルバベルの父(エズ三2、8、五2、ネヘ一二1)または叔父(代上三17、19)であり、ソロモンの子孫であるからダビデの家系である(代上三17)。エズラは祭司の家系であるから(エズ七1–5)、シェアルティエルと同一人物であることはあり得ない。第Ⅳエズラ記において「サラティエル」という名はここのみに現れ、以後は「エズラ」の名で呼ばれている(六10、七2、25、八2、20、一四2、38)。すなわち、本書は自ら偽書であることをあらかじめ読者に暗示していることになる。というわけで、「バビロン」という場面設定も虚偽であり、この名でローマを暗示している。すなわち、冒頭の「都の崩壊の三十年後」は、バビロン捕囚からではなく、第

二神殿崩壊からの「三十年後」、後一〇〇年を意味する。そこで著者は疑問を呈するのである、なぜ神の都エルサレムが荒廃し、それを破壊したローマが繁栄しているのか、と。エズラと天使ウリエルの対話を通してこの問いに答えるのが本文書の目的である。

これに対する答えは、「至高者は一つではなく、二つの世を造った」（七50）、「至高者はこの世を多くの者のために造ったが、来るべきものはわずかな者のためである」（八1）という。そして「世はまことに速やかに過ぎ去る」（四26）、すなわち終末は近いと言う。この「来るべき世」を受け継ぐ「わずかな者」は誰かというと、それは「義人」であり、不敬虔な者――律法を軽んじ、契約を拒み、その戒めに忠実でない者――は滅びることが示される（七17-25）。そして、この世の終わりと新しい世のはじまりは、次のように描写される。まず、「今は見えない都[4]」（天のエルサレム）と「今は隠されている地」（天の聖地イスラエル）が現れる（七26）。そしてメシア*が現れ、四百年間統治し、その後メシアも含めてすべての人が死に、七日間の太古の静寂が訪れる。それから死んだ人々すべてが生き返り**、最後の審判が行われ、地獄（ゲヘナ）と楽園（パラダイス[5]）に分けられるという（七26-44）。ここではメシアによる世界支配と新しい天地創造が並列されているが、これは二つの終末イメージ――政治的なダビデ系のメシア王による世界支配と黙示的宇宙論的な最後の審判――を調和するためである[6]。

＊　七28-29（およびその他の数カ所）に「わが子」という表現でメシアが言及されているが、ラテン語フィリウス／シリア語バルの元がギリシア語フイオス／ヘブライ語ベンであったか、ギリシア語パイス／ヘブライ語

エベド（エチオピア語訳、アラビア語訳の一部の読み）であったか、意見が割れている。七28の「わが子イエス」はラテン語版のみ（キリスト教徒による改変）。シリア語版は「わが子メシア」、エチオピア語版は「メシア」、グルジア（ジョージア）語版は「わが選びのメシア」。

** 大地と塵が肉体を返し、冥府が魂を返す（七32）という表現になっているので、肉体の復活が考えられている。

エズラが人間に待ち受ける裁きを嘆くと（七62-69）、天使ウリエルは裁きは創造に先立って備えられたのであり、人間は知性がありながら律法を蔑ろにしてきたという（七70-74）。人間には律法を守るも守らないも自由意志が認められており、それゆえその結果としての裁きを受け入れねばならないという。

そこでエズラは死後の魂の運命について尋ねる（七75）。ウリエルは「罪人」と「義人」の霊それぞれが死後の七日間に歩む七つの道と終末まで留め置かれる住まいについて説明する（七78-101）。古代ユダヤ思想においては、終末の裁きはさまざまに語られてきたが、それまでの死後の運命について詳細が語られることはあまりなかった。一方で終末の近いことが強調されているが（四26-32、五50-55）、本当に強くそう思っているならば、死後の霊魂の運命について語る必要はない。ここには神殿崩壊にもかかわらず終末が来なかったため、死後から終末まで何ほどかの時間を想定せざるを得ないという事情——終末の遅延という意識——があるように思われる。* 終末は近いと言いながら、それを信用しきれない、そうした微妙な感性が反映されている。

＊　終末までの死後の霊魂の運命については、古い時代では第Ⅰエノク書二二章に若干の記述がある（前三世紀）。第Ⅳエズラ記と同時代のアブラハムの黙示録A一三―一四章参照。同じくほぼ同時代に書かれたルカ福音書も、死の直後に「楽園」にいるという考えを述べているが（二三43）、ルカにも明瞭に終末遅延意識が認められる。フィリ一23も参照。

本書には他に二つのメシア待望論が展開されている（一一―一二章、一三章）。一つ目（一一―一二章）では、エズラは十二の翼と三つの頭をもつ鷲の幻を夢の中で見る（一一1-35）。十二の翼は順に支配しては消えていき、三つの頭も一つを残して消えてしまう。すると獅子が現れ、鷲の暴政を非難すると、残っていた頭も消えて、二つの翼が立ち上がるが、短い治世でこの二つも消え、鷲の体は燃えてしまう（一一35―一二3a）。そこでエズラが神に祈ると、神はこの幻の解釈を提示する（一二3b-35）。それによると、鷲（ローマ）はダニエル書の「第四の王国」であり、十二の翼は十二人の王[7]、三つの頭はその王国の終わりの三人の王[8]、最後の二つの翼はそれに続く二人の王であり[9]、獅子はメシアであり、残ったイスラエルの民を解放する。すなわち、ここではローマの支配とメシアによるその終焉が期待されている。

もう一つのメシア論（一三章）では、エズラは「海から昇る人[10]」の幻を見る。その「人」は、口から火を吐き、彼と戦おうとする群衆を焼き尽くし、それから「平和な群衆」を自分のもとに招く

（一三1–13）。エズラはこの幻の解釈を求めるとともに、その日まで「残された人」も不幸だが、「残されなかった人」はもっと不幸だと言う（一三14–20a）。そこで神はまず、「海から昇る人」は信仰を保つ者たちを守る者だから、「残された人」の方が幸いだと告げる（一三20b–24）。そして、その「人」は「わたしの子」[11]、つまり、神の子（一三32）であり、彼は整えられたシオンの山の頂きに立ち、異民族を滅ぼす。「平和な群衆」はかつて散らされて今はアルツァレト（ヘブライ語エレツ・アヘレト〔「他の地」の意〕の音写）に住む九部族であり、彼らは帰還して、また聖地に見出される残りの民も守られる（一三32–50）。ここでは、メシアによる諸民族の破壊と、シオンの再建、十二部族の再興の希望が語られている。

以上、第Ⅳエズラ記は、対ローマ戦争の敗戦を試練と捉え、それを乗り越えた先の終末後に救済の希望を見る。しかし、それを乗り越えるのは自由意志にもとづいて律法を守る「わずかな者」に限られるという――自由意志を認める点において、上述のソロモンの詩篇やファリサイ派と共通している。イスラエル民族の救いについて語りたくても、律法を蔑ろにするユダヤ人の存在ゆえに民族の一体感が失われており、「わずかな者」の救いしか語りえない、それが敗戦後のユダヤ人共同体の状況であった。「わずかな者」は特定のセクトに限定されるというのではなく、自由意志で律法に留まる者は誰でも救われる。本書はユダヤ教棄教者が出る中で、律法に留まることをユダヤ人に訴えている。他方、メシア待望論も根強く残っており、四百年の世界支配者（七章）、ローマ支配を終焉させる者（一一―一二章）、そして異民族を滅ぼし、イスラエルの十二部族を再興させる者として期待されている。そ

れはこの世の終わりを展望するものでありながら、同時にイスラエルが独立をかちとり、世界の支配者になるというきわめて政治的な願望をも映すものとなっている。

ほぼ同時代に、パレスチナとディアスポラの両方のユダヤ人を念頭に書かれたと思われるシリア語バルク黙示録[12]（第IIバルク書）は、第IVエズラ記と同様の終末待望論を展開するが、そこでは救われる者と滅びる者についてより明確に描かれている。

IIバルク四二4-5「はじめは仕えていて、それから遠ざかって雑多な諸国民の胤（たね）に混ざった者たち、これらの者たちについて最初の彼らの時間は蛆虫[13]と見なされる。[5]そして、はじめは知らなくて、それから命を知り、（他から）分離した民の胤に混ざった者たち、これらの者たちについて最初の彼らの時間は蛆虫と見なされる」。

4節は出生ユダヤ人について、背教するならばその出生は無価値になること、5節は異邦人がユダヤ教に改宗すれば、その出生は評価されないこと、つまりユダヤ人として受け入れられることを意味している。すなわち、律法を守るユダヤ人と異邦人改宗者が救済に値し、異邦人とユダヤ人背教者は滅びるとされる。第IVエズラ記同様、律法を民族アイデンティティの紐帯と考えているが、より明確に異邦人改宗者の包摂とユダヤ人背教者の排除を示している。

以上の二書は、いずれも背教ないしその虞（おそれ）のあるユダヤ人を、ユダヤ教に引き止めることを目的と

している。暴君的ローマが戦争に勝ち、神支配の象徴だったはずの神殿が炎上してしまった。イスラエルの神への信頼が揺らぐ者の存在は了解できる。このユダヤ教の危機は、同時にユダヤ人共同体の危機、民族アイデンティティの危機でもあった。この危機を乗り越えるためには、ユダヤ教の根幹である神とイスラエルの民との契約、選民と律法を再確認する必要があった。ここで扱った二書は、イスラエルの選民を確認し、異民族の崩壊を宇宙論的規模で描きつつ、他方で律法に留まることを要請する。「ユダヤ人」はもはや出生のみによるのではなく、自らの自由意志でこの契約に参与する者、ユダイストを意味することになる。この点で少しく後に確立されるラビ・ユダヤ教に連なるユダイズムという在り方の先鞭をつけたと言えるが、他方でまだなお終末待望論を強く残している点で黙示思想の系譜に属している。悲惨な敗戦を経てなお終末への希望の灯は消えなかったし、政治的な自由への希求も燻(くすぶ)っていた。

2　キトス戦争(後一一五—一一七年)——ディアスポラ・ユダヤ人の叛乱

晩年のローマ皇帝トラヤヌス(在位九八—一一七年)は、パルティアへの軍事遠征に出ていたが(一一三—一一七年)、その間にキュレナイカ、エジプト、キプロス、メソポタミアのユダヤ人が同時多発的に叛乱を起こす。この叛乱を制圧したローマの将軍ルシウス・クィエトゥスの名にちなんだラビ

文献の表記から「キトス戦争」と呼ばれている。[14] この戦争については、ローマ人歴史家カシウス・ディオ（一五五？―二二九年？）とキリスト教会史家エウセビオス（二六三頃―三三九年）とオロシウス（三八五―四二〇年頃）が伝えている。

カシウス・ディオ『ローマ史』LXVIII 三二1-3「トラヤヌスはそこを出発したが、しばらくして健康を損ねた。一方、キュレネ地方のユダヤ人たちは、アンドレアスという者を頭に置き、ローマ人とギリシア人の両方を滅ぼしていた。彼らは犠牲者の肉を食べ、その内臓でベルトを作り、その血で体を塗り、その皮を衣服として身につけた。多くの者を彼らは頭から下に真っ二つに切り、[2]他の者たちを野獣に与え、さらに他の者たちを剣闘士として戦わせた。全部で二十二万人が死んだ。エジプトでも多くの同様の暴挙が行われ、キプロスではアルテミオンという人物が指揮をとっていた。そこでも二十四万人が死んだという。[3]このため、ユダヤ人はこの島に足を踏み入れることは許されず、たとえ嵐で海岸に追いやられたとしても、死刑にされてしまう。ユダヤ人を従わせた者の中には、トラヤヌスに派遣されたルシウスがいた」。

エウセビオス『教会史』IV二1-5「わたしたちの救い主の教えや教会が日ごとに盛んになり、さらに前進を続けていたとき、ユダヤ人の悲劇は、打ち続く災禍によってその頂点に達した。皇帝（トラヤヌス）の〔治世〕が十八年目に及んだとき（後一一五年）、再びユダヤ人の叛乱が勃発し、彼らの中の夥（おびただ）しい数の者が死んだ。[2]彼らは、アレクサンドリアやエジプトの他〔の土地〕で、そし

てキュレネで、何か恐ろしい騒乱の霊にたきつけられたかのように、ギリシア人の同胞市民に騒乱を仕掛けて大規模な叛乱に発展させ、翌年には大戦争を勃発させた。そのときの全エジプトの知事はルプスだった。[3]ユダヤ人が緒戦でたまたまギリシア人たちに勝つと、ギリシア人はアレクサンドリアに逃げ込み、その町のユダヤ人を捕らえて殺した。一方、キュレネの〔ユダヤ人〕は、住民たちの支持を失いながらもエジプトの地で略奪を働き、その諸州を荒らし廻った。彼らの首領はルクアスだった。皇帝はそれに対し、騎兵を含む陸海の兵力をつけてマルキウス・トゥルボを差し向けた。[4]彼は長期間、数々の戦闘によってその戦争を精力的にすすめ、キュレネ〔のユダヤ人〕ばかりか、ルクアスを自分たちの王としていたエジプトのユダヤ人も何万となく殺した。[5]皇帝は、メソポタミアのユダヤ人がそこの住民を襲撃するのを危惧し、ルシウス・クィエトゥスにその属州からユダヤ人を一掃するように命じた。彼は軍を編成し、その地の夥しい数〔のユダヤ人〕を殺した。そして彼は、この功績によって、皇帝からユダヤの知事に任命された(15)」。

オロシウス『異教反駁史』vii一二6-7「その後、世界各地でユダヤ人の激しい叛乱が一斉に起こった。ユダヤ人は狂った野蛮人になったかのようだった。リビアでは、住民に苛烈な戦争を仕掛け、土を耕す人を殺して荒廃させたのである。もしその後、ハドリアヌス帝が他所から集めて入植させていなかったら、住民が一掃されてこの地はまったくの空になるほどだった。[7]彼らは、エジプト全土、キュレネ、テーバイを血みどろの叛乱で乱した。しかし、アレクサンドリアでは、ユダヤ人は戦いに敗れて粉砕された。彼らがメソポタミアでも叛乱を起こしたとき、皇帝は彼らに対

して宣戦布告を命じ、何千人ものユダヤ人が大虐殺の中で絶滅した」。

これら歴史家たちの記述には、共通するところとそうでないところ、誇張と思われるところがあるが、考古学資料とパピルス資料をも考え合わせると、全体としてキュレナイカ（リビア）、エジプト、キプロス、メソポタミアのユダヤ人たちがほぼ同時期にローマに対する叛乱を起こしたことは確かである。

エジプトでの叛乱については、アレクサンドリアでの戦いは、一一五年の十月までには鎮圧された[16]。タルムードでユダヤ人の栄誉と讃えられたアレクサンドリアの大シナゴーグが破壊されたが、パレスチナ・タルムードはその破壊者を「邪悪なトラヤヌス」と呼んでいる[17]。しかし、翌一一六年、叛乱はエジプトの他の地域に拡大していった。パピルスから、デルタ、ファユーム、オクシリンコス、ヘルムポリスで戦いがあったことが分かっている[18]。オクシリンコスの人たちは、一九九／二〇〇年になってもこの時のユダヤ人に対する勝利を祝っていた[19]。アレクサンドリアのアッピアノス（九五頃—一六五年頃の、アレクサンドリア生まれのギリシア人歴史家）の『自伝』（二90）によると、ポンペイウス廟のあったネメシス地区が破壊された。これは、前六三年にポンペイウスがエルサレム神殿を穢したことに対する報復であっただろう。オロシウスはテーバイの叛乱に言及しているが、そこのユダヤ人は一一六年の「ユダヤ人税」を支払っている[20]。したがって、その後に蜂起したと考えられる。

キュレナイカのユダヤ人の叛乱についてのカシウス・ディオの記述は明らかに誇張であり、そのままでは信用に値しないが、考古学資料によればキュレネの町の中心部は徹底的に破壊されたようであ

る。公衆浴場や他の公共の建物とともに、いくつかの神殿も破壊されている。ユダヤ人に対して「不信心」(*anosios*)という呼び名が使われたことが戦後のパピルスから知られるが[21]、それはユダヤ人叛徒たちが神々の神殿を破壊することに熱心であったことをうかがわせる。キュレナイカのユダヤ人は、アンドレアス(ディオ)またはルクアス(エウセビオス)という人物をリーダーにしていた。この人物が何者であるかは知る由もないが、キュレネとエジプトのユダヤ人が「ルクアスを王としていた」というエウセビオスの記述が信頼できるならば、彼がメシア的な期待を背負っていたであろうことは想像に難くない。キュレネにシカリ派の残滓が流れていたことからすると(上述1-2)、異教の神殿破壊という行為には、ガリラヤのユダ以来の「神が唯一の支配者であり主である」という理念が生き続けていた可能性があるだろう。しかし、叛乱はトラヤヌスの死(一一七年八月)までには鎮圧された。

キプロスについてはディオの記事の他に資料はないが、キプロスへの上陸禁止が現在形で書かれていることからすると、ディオの生前にはまだこの禁令が有効であったと考えられる。

トラヤヌスは北メソポタミアを征服し、パルティア帝国の首都クテシフォンにまで到達したが、そこでパルティア住民の叛乱に会った。ユダヤ人はおそらくこの叛乱に加担したのだと思われる。バビロニアには、バビロン捕囚以来、多くのユダヤ人が住み続けていた。彼らはパレスチナのユダヤ人と緊密な関係を保っていた。トラヤヌスによって征服されたアディアベネ王国の王は、一世紀にユダヤ教に改宗していた(ユダヤ古代誌一八17-48)。メソポタミアにおけるユダヤ人の影響力はそれなりに大きかった。およそ四十五年前にローマがエルサレムで行ったこと、現在エジプトやキュレナイカで起

きていることも知っていただろう。彼らは、パルティア王国の一員として、またユダヤ人として、ローマとの戦いに挑むには理由があった。トラヤヌスが志半ばに世を去ると、後継のハドリアヌスはユーフラテス以東を手放してしまう。

さて、ユダヤ人が各地で同時多発的に蜂起したのは確かだが、その直接的な動機ははっきりしない。いくつかの理由が考えられる。まず、先に見たようにパレスチナからの避難民がディアスポラの地にやって来たが、そうしたユダヤ人の反ローマ感情が現地のユダヤ人に影響を与えた可能性が考えられる。特にキュレナイカについては、シカリ派の影響がその子どもたちに受け継がれた可能性がある。また、エジプト等に奴隷として売られたパレスチナ出身のユダヤ人の存在もありえた。彼らもまた反ローマの感情をもっていたに違いない。一方、敗戦はディアスポラのユダヤ人にも影響を与えていた。七〇年に神殿が崩壊すると、当時のローマ皇帝ウェスパシアヌスは「ユダヤ金庫」と呼ばれる税金をユダヤ人に課した。それまでユダヤ人がエルサレム神殿に納めていた半シェケルの神殿税に相当する二ドラクマを、ローマの守護神ユピテル・カピトリヌスに支払うことを三歳以上のユダヤ人に義務づけた。先に触れたように、テーバイのユダヤ人は蜂起する前まではこれを支払っていたのであるが、これに対する反感がディアスポラのユダヤ人の間にあっても不思議ではない。さらに、第一次ユダヤ戦争前からあったディアスポラのユダヤ人と現地のギリシア人との対立・紛争は、叛乱を起こしたユダヤ人がローマ人だけでなくギリシア人や現地の農民たちをも殺害するにいたった遠因だったかもしれない。こうした一般的な背景のもとで、トラヤヌスがメソポタミア遠征に力を注いで西側が手薄に

なったこと、さらに一一五年にアンティオキアで大きな地震が起こり、トラヤヌスも負傷して死にかけたことが神意の兆しと捉えられた可能性がある。そのとき、「ルクアスを王」としたメシア運動としてローマに叛旗を翻したのかもしれない。そうであれば、この叛乱にも終末待望論が色濃く影響を与えていたに違いない。それはディアスポラのユダヤ人にとって、シオンへの帰還運動であり、十二部族再興を夢見るものだった可能性がある。

しかし、その結果は悲惨なものとなった。キプロスからはユダヤ人は完全に追い出され、北アフリカのユダヤ人人口も激減することになった。この叛乱にパレスチナのユダヤ人がどう反応したかは記録がない。しかし、彼らがまったくの無関心であったとは考え難い。ディアスポラのユダヤ人がキトス戦争で敗戦した十五年の後、パレスチナのユダヤ人は再びローマに叛旗を翻す。

3　バル・コホバの乱（一三二—一三五年）——最後のメシア運動

バル・コホバの乱については、エウセビオス、カシウス・ディオ、スパルティアヌス『ローマ皇帝群像』、ラビ文献等に言及がある。その契機については二つの可能性が指摘されてきた。一つはラビ文献に見られるもので、ハドリアヌスはユダヤ人に神殿再建を許可したが、撤回したというものである（創世記ラッバー六四10）。もう一つはカシウス・ディオが伝えるもので、ハドリアヌスはエルサレム

をアエリア・カピトリーナとして再建しようとしたというものである（ローマ史 LXIX 一二1-2）。三つ目はスパルティアヌスのもので、ハドリアヌスはユダヤ人に割礼を禁止したとするものである（皇帝群像一四2）。これら三つのうち、最初のものはあまりありそうにないものと考えられている。それに対し、エルサレムを異教の都市として再建するというのは、すでにガリラヤのユダヤ人都市セッフォリスをディオカエサレアに改名して植民都市化していたことからすれば、ありそうなことと考えられる。ハドリアヌスは一三〇年春にユダヤを訪問しているので、この時にアエリア・カピトリーナ建設を指示した可能性がある。割礼についても、ハドリアヌスはヘレニズム文化の愛好家で割礼を「野蛮」と見なしていたようであり、一〇六年にナバテア王国を征服した後にはナバテア人に割礼を禁止している。二世紀後半のエジプトでは割礼を受ける者（祭司）は特別な許可が必要とされた。敗戦後にユダヤ人も割礼を禁止されたが、ハドリアヌスが死ぬと後を受けたアントニヌス・ピウス帝はユダヤ人にだけ割礼を許可し、サマリア人は割礼すると処刑とされた。すなわち、ハドリアヌスは、ユダヤ人を狙ったのではなく、帝国全体に割礼禁止令を出した可能性がある。そうだとすれば、しかし、ユダヤ人にとってそれはユダヤ教弾圧以外の何物でもなかった。

直接的な契機が何であったにせよ、すでにディアスポラのユダヤ人が叛旗を翻した挙句に手痛い敗戦を喫したことを知っているパレスチナのユダヤ人の中に、機会をうかがう者たちがいたであろうことは想像に難くない、それにふさわしいリーダーさえ現れれば。

バル・コホバという名前が本名ではないことは、本人の手紙からわかっている。シメオン・バル・

コスィバが実の名であった。ラビ文献ではしばしばバル・コズィバ（偽りの子）という貶称で呼ばれているが、他方バル・コホバ（星の子）という尊称があったこともエウセビオスから知られていた。パレスチナ・タルムードの記事によると、有名なラビ・アキバは聖書の「ヤコブから星が出る」（民二四17）をバル・コホバと結びつけ、メシア預言の成就として解釈したとされている（タアニート四68ｄ）。バル・コホバが鋳造したコインが見つかっているが、そこには「シメオン・ナスィー・イスラエル」と刻まれているものがある。「ナスィー」はエゼキエル書以来のメシア称号の一つである。他のコインには、「イスラエルの贖い」「イスラエルの自由」「エルサレムの自由」などと刻印されている。図柄の中にはエルサレムの神殿と契約の箱が一緒に刻まれているものがあり、バビロン捕囚以来失われてしまった神殿の本来の在り方を再興しようという意図が感じられる。これらは政治的独立と神殿再建を目指す運動と言えるけれど、しかしローマを相手に現実的な勝利を得られると考えていたかどうかは疑わしい。別のコインには「祭司エルアザル」と刻まれているので、上述のように、バル・コホバとエルアザルは「二人のメシア」として叛乱を指導していた可能性がある。そうであれば、この反乱もまた終末論的戦いであった。

しかし、その結果は無残な敗戦であった。「ユダヤ」は「シリア・パレスチナ」という名に変えられたが、「パレスチナ」はユダヤ人の仇敵「ペリシテ人」にちなむ名であり、ユダヤ人に対する嫌がらせであった。エルサレムはアエリア・カピトリーナとして再建され、異邦人が入植して、ユダヤ人の入市は禁止された――後に敗戦の日であるアブの月の九日だけ許可された。そして、子どもへの割

礼が禁止された――一三八年のハドリアヌスの死まで。ラビ文献によると安息日とトーラー研究も禁止されたという。そして、多くの死者、捕虜・奴隷、人口の流出によって、ユダヤ地方のユダヤ人が大幅に減少することになった。その結果、これ以降のユダヤ教の中心はガリラヤへと移ることになる。

こうして三回の敗戦を経験したユダヤ人は、強い終末意識、切迫したメシア待望をもつことの危険性を学び、それを棄てることはしないが遠い未来へと追いやることにした。そして、神殿再建と独立国家建設は人の業（わざ）ではなく神の業であるとして、軍事的・政治的行動ではなく、トーラーに従う生活を続けながら神がそれを実現するのを待つことにした。人の手による神殿再建をあきらめた見返りとして、イスラエルの地の重要性が強調されるようになった。もっとも、そこにはパレスチナを去るユダヤ人が少なくなかったという事情もあった。そして、殉教に対する考え方も変化し、律法より命を優先するようにし、それによって軍事行動を放棄するようにした。

三度の対ローマ戦争は、メシア運動であり、「神の支配」のこの世における実現を期待したものと言える。そこには「神が唯一の支配者であり主である」という理念と「神は同盟者」という確信があった。すなわち、これらの無謀な戦争を支えた理念は救済預言の系譜に属するのである。しかし、バル・コホバの乱は、古代イスラエルにおける政治的メシア運動の終焉となった。生き残ったユダヤ人は少しずつラビ・ユダヤ教を受け入れていくのだが、ユダヤ教を棄教する者も少なくなかった。

4　グノーシス主義誕生のユダヤ思想史的・時代史的背景

第Ⅰ部で見たように、古代ユダヤには二つの思想系譜があった。一つは審判預言の系譜であり、それは「神のみが王」という理念を掲げ、神を前にした人間の不完全性を認識する。人間は「神のように」はなれないという思想である。これに対して、もう一つが救済預言の系譜であり、これは人間は努力次第で「神のように」なれると考え、理想状態を現実化することを欲求する。前三世紀に生まれ、前一世紀から後二世紀初頭までユダヤ人の間に広まっていた黙示思想は救済預言の系譜に属し、そこに描かれる終末待望とは、知恵の獲得によって「完全さ」が実現できる、つまり「神のように」なれるというものであった。

後一―二世紀のユダヤ人は、三度の戦争を体験したが、彼らにはその前にすでにバビロン捕囚と前六三年のポンペイウスによるエルサレム征服という苦い記憶も刻まれていた。彼らの最後の三回の戦いは、「神が唯一の支配者であり主である」という理念に命を懸けた戦いであったが、いずれも悲惨で残酷な現実を突きつけられる結果となった。沈黙する神への失望と憎悪を抱くユダヤ人の存在は、第Ⅳエズラ記や第Ⅱバルク書が書かれた理由から明らかである。ユダヤ教の棄教者の中には、キトス戦争を体験したディアスポラ出身者もいたであろうし、戦乱のパレスチナからディアスポラへの避難

者や移住者もいただろう。

創造神にして民族神であるヤハウェに対する棄教者の憎悪は、選民と律法への憎悪へと容易に向かったであろう。そうなると、今度は個人としての人間のこの世における救済への希望を求めるようになる。そこでも「完全さ」を求めて、「神のように」なることへの欲求は変わらない。とすれば、不完全なヤハウェよりも「完全」な至高神を想定した上で、その「神のように」なることが救いになる。人間が「神のように」なれるのであれば、それは「神」の要素がもともと人間の本性にあるはずだという推論が成り立つ。すなわち、そこですでに「完全」で「神（の一部）」だった自己が発見されたのである。実は、人間こそが「完全」なる者であったのに、創造神によって忘却させられてしまったのだ、それゆえ本来の自己を認識する必要がある。そのことに「気づくこと」を救済とするのがグノーシス主義となった。

グノーシス主義は、後一四〇年頃からエジプトを中心に活性化したことが知られている。大貫隆によると、グノーシス主義文書にはユダヤ教の宗教伝統とギリシア・ローマ文化圏の思想的伝統の両方が同時に取り上げられており、この二つの伝統が広く深く混淆したのはアレクサンドリアであり、ヘレニズム文化に馴染んだユダヤ教徒、ヘレニズム・ユダヤ教徒をグノーシス主義は母胎とする。[22] そしてグノーシス主義の概念は、「ユダヤ教の一神教における創造信仰を一刀両断にすると同時に、返す刀でローマ帝国の支配のイデオロギーを体現した古代哲学、すなわち中期プラトン主義とストア哲学も、同じように一刀両断にする」という。[23] ローマ支配下にあってヘレニズム文化に馴染んだユダヤ教

徒でありながら、ユダヤ教とローマ帝国とギリシア哲学のすべてを否定するということは、これらに親しんでいたにもかかわらず、何かしらを契機にこれらへの憎悪を募らせたと考えねばならない。後一世紀末から二世紀前半にアレクサンドリアに生きたユダヤ人は、三度の敗戦とそれに付随する悲惨な体験のいずれか、またはいずれをも知っていた。彼らには、民の命がけの戦いに沈黙を守る神も、その民を受け入れないギリシア人も、それを実力をもって弄(もてあそ)ぶローマ帝国も受け入れられなくなったに違いない。グノーシス主義の思想形成者は知識人であったと思われるが、かつてキュレネでは裕福な者たちが理不尽に殺されるということもあった。北アフリカの裕福な知識人階級であったユダヤ教棄教者こそが、グノーシス主義形成の基盤になったと考えられる。グノーシス主義の形成は徐々なるものであって、バル・コホバの乱の後に急速に出てきたというのではなく、第一次ユダヤ戦争の敗戦から少しずつ生まれつつあったものであるだろうけれど、バル・コホバの乱における敗北とその悲惨な結末は、ユダヤ教の神への訣別を多くのユダヤ知識人に決断させる決定的な出来事になったと考えられる。

選民と律法を棄てたグノーシス主義は、同じく選民と律法を棄てた異邦人キリスト教徒と親和性が高い。そして、どちらもユダヤ教本体からは外れた者同士である。こうしたはぐれ者同士が結合して生まれたのが、キリスト教グノーシス主義なのであろう。すなわち、グノーシス主義はユダヤ人棄教者の中から生まれた反ヤハウェ運動から発生したものであり、エルサレム中心主義的・民族主義的ユダヤ教を否定するので、サマリア人にも受け入れ可能な運動となった——サマリア系グノーシス主義

としてシモン派メナンドロスの存在が知られている。

グノーシス主義の思想は、終末論の系譜に属する。それは、いつか人間は「神のようになれる」ことを期待する。しかし、その「神」はもはや聖書に描かれる創造神でもなければ、イスラエルを選んだ民族神でもない。聖書の神は碌でもない神であり、碌でもない創造神が造ったこの世界もまた碌なものではない。それらはすべて、やがて焼失してしまえばいい。しかし、人間には至高神の要素が散りばめられている。人間こそが神の一部なのだ。そのことに気づくとき、人は救いにいたる。こうした思いにたどり着くには、しかし、重く悲しい体験があった。ユダヤ教の「神が唯一の支配者であり主である」という強い信仰に命を捧げた先人たちがいた。ギリシア哲学に大いに共感しつつも、それとユダヤ教の一致を模索する先人もいた。ローマの平和のために、ユダヤ人でありつつギリシア人ともローマ人とも共生できる道を探っていたはずだった。けれども、ギリシア人もローマ人も容赦なかった。ユダヤ人の神は、自分の神殿が壊されても、自分の民がどれほど自分のみを主とするための戦いにボロボロになっても、ただただ沈黙を守るだけの役立たずであった。グノーシス主義は、深い絶望と憎悪の底から生まれた人間賛歌と言えようか。しかし、それはまた、終末論の思想系譜が内包する人間の傲慢さについての洞察に欠けているようにも思われる。彼らにとって創造論は物足りないのかもしれないが、人間の知恵の限界と愚かさへの気づき（グノーシス）にはいたらなかったのであろう。しかし、創造論の「神のみが王」という理念には、人間の不完全さ、愚かさ、あるいは悪い思いを抱える人間存在の限界への洞察があった。

イエスとパウロ

創造論と終末論

序

イエスの宣教を厳密には神学と呼ぶことはできないので、黙示思想こそがキリスト教神学すべての母だったのである。

（ケーゼマン『キリスト教神学のはじまり』[1]）

第I部において、創造論と終末論という古代ユダヤ教における二つの思想潮流の系譜について概観した。創造論は、「神のみが王」という理念に由来する思想であり、「出エジプトの神」を奴隷を解放する神ととらえる。それゆえ奴隷制のもととなる王制に批判的であり、人間による人間支配を認めない。これは、人間の不完全さ、愚かさ、あるいは悪い思いを「神」という象徴の前に確認する思想であり、サムエルの時代から預言者の審判預言を経由して、さらに原初史物語とヨブ記をとおしてコヘレトにいたる思想系譜である。

終末論は、南ユダ王国の宮廷預言者だったイザヤの理想に淵源する。それゆえそこにはダビデ王朝イデオロギーが色濃く反映している。すなわち、いつか理想的なイスラエルの「王」が現れて、エルサレムを中心としたイスラエル民族による世界支配が実現することを待望する。これは、「神」の完全さがいつか理想的な形で人間世界にも実現することを期待する思想であり、預言者の救済預言から

箴言の応報思想を経由して黙示思想へといたる思想系譜である。黙示思想の特徴は、二元論的世界観にある。これは二元論的歴史観――裁かれるべき「この世」と救済としての「来るべき世」という歴史の二分化――と、二元論的人間観――救済される「義人」と滅びるべき「罪人」という人間の二分化――の結合からなる世界観であり、終末論を前提とする。

上述したように、前一世紀以降のユダヤ思想においては黙示思想が支配的になっていった。とりわけ、前六三年にパレスチナがローマ支配下におかれると、反ローマ感情が終末待望論と結合し、また民の為政者に対する不信感が多様なセクト運動を生み出した。多くのセクトは黙示思想を前提としていたので、そのセクトに属するかどうかが終末後の救済か滅びかを決定するという価値観を有した。民衆の多くは、必ずしも特定のセクトに属したわけではないが、それでもこの世の振る舞いが終末後の運命に関わるという考え方は広まっていたようである。こうした価値観の蔓延は、民衆の間に自分より下位の人間を置くことで安心しようとする心性をもたらす。それは民衆の間に差別の連鎖を生み、社会の底辺に置かれている者たち――穢（けが）れたとみなされた職の者、慢性病者など――が「罪人」とレッテルを貼られて社会的・宗教的差別の対象とされていた[2]。

こうした中で活動したのがイエスであり、その死後に弟子たちによって生み出されたのがユダヤ教の一セクトとなるキリスト派であり[3]、これをユダヤ教から分離させ、キリスト教へと転換させる契機となったのがパウロであった。第Ⅲ部では、イエスとパウロの思想を上に見たユダヤ教の二つの思想潮流の中に位置づけることを試みる[4]。

第八章　イエス

1　洗礼者ヨハネとイエス

洗礼者ヨハネは、終末の裁きが切迫していること、その裁きからはユダヤ人であっても逃れられないこと、それゆえ悔い改めとそれに相応しい実を結ぶことの必要を主張し（マタ三7‐12／ルカ三7‐9、16‐17）、その徴（しるし）として「諸々の罪の赦しにいたる悔い改めの洗礼」（マコ一4）を受けることを要求した。すなわち、ヨハネは黙示思想にもとづいて、悔い改めて正しく生きること、「義人」にならなければ救われないことを訴えたということになる。「洗礼」とは沐浴による「禊（みそぎ）」のことであり、ユダヤ教では穢れを取り除くために繰り返し行われていた儀礼であって、「罪の赦し」には神殿祭儀が必要な

はずであったが、繰り返し行われる儀礼は形骸化する。ヨハネは「洗礼」を一度限りの最後のものとすることで、形骸化した儀礼を批判するとともに、裁きが日前に迫っているという時代認識ゆえに最後の決定的な悔い改めによって罪を断ち切ることを求めた。こうしたヨハネの主張は時代の空気に合致していた。終末意識は高まっていたし、神殿体制に対する批判意識も広がっていた。しかし、ヨハネの主張を受け入れることができたのは、自分の意志で「罪」から逃れられると自負できる立場にある者たちだけであった。職業的または身体的理由により「罪人」と見なされた人にとっては、職を変えるか病を癒すしか「罪」から逃れるすべはない。だが、それが可能ならヨハネの洗礼とは無関係にそうしていただろう。[*]「罪」とは心の持ちようや意志の問題だけではなく、社会的に規定されたものだった。

＊　ヨハネのもとに「徴税人と売春婦たち」も訪れたとされるが（マタ二一32）、彼ら／彼女らの受洗後の生活は知られていない。ヨハネ教団内で生活したか、元の生活に戻り、二度と赦されないという罪悪感を抱えて生き続けたのかもしれない。

イエスは、「大工でマリアの息子、ヤコブ、ヨセ、ユダ、シモンの兄弟で、その姉妹たちも」いると言われている（マコ六3）。通常は父親の名前で呼ばれるので、父ヨセフは早逝していたようであり、そうであれば母と四人の弟と二人以上の妹を抱える大所帯の長男イエスは、大工として家族を養って

いたということになる。しかし、およそ三十歳の頃（ルカ三23）、イエスは家族を棄てて洗礼者ヨハネのもとに馳せ参じて洗礼を受ける（マコ一9）。イエスの受洗理由は、「諸々の罪の赦し」のためであったと考えるほかはない、それがヨハネの洗礼の意味だったのだから。つまり、青年イエスは抱えきれない何らかの強い「罪」意識をもち、そこから逃れるために家族を棄てたのであった——キリスト教教義的にはイエスは無謬とされるが、それはキリスト教の解釈であって、イエス本人の自意識とは関係しない。

しばらくの間、イエスは洗礼者ヨハネと活動をともにしたようであるが（ヨハ三22）、やがて師と袂をわかち独自の活動をはじめる。もはやイエスはヨルダン川で人を待つのではなく、自ら村々を訪ね、「罪人」とされた人たちと飯を食い、酒を飲むようになる。

2　イエスの活動

イエスの活動の特徴の一つは、「癒し」の奇跡物語からいかがうことができよう。奇跡物語は、イエスがその異能を用いて疾病を癒す物語であるが、それを史実の報告と取る必要はない。文化人類学によると、「病気」には、生物学的・医学的な「疾病」（disease）と、文化的・社会的規範からの逸脱と見なされる「病」（illness）がある。「病」は、疾病が原因となる場合もあれば、たんに周りから

「異なる者」と見なされただけの場合もある――例えば「クィア」と呼ばれる性的少数者などは、今でも「病」の人（「異なる者」）として差別されている。「病」とされると「罪人」あるいは「穢れ」と見なされ、社会生活から疎外された。[1] 奇跡物語の古い層には「帰還命令」（「帰れ」）があるが、[2] これは「癒し」の結果、彼らが家に帰れたことを暗示する。イエスの「癒し」とは、疎外された者たちを社会生活に復帰させることであった。それには疾病そのものの癒しが必要というわけではない。地域共同体がその人を「罪人」や「穢れ」として排除するのではなく、一員として受け入れ、必要な手助けをすればいいのである。特定の人々に「罪人」のレッテルを貼り、社会から排除することで、共同体の秩序が守られているという幻想を抱いている社会にこそ「病」はある。* イエスが癒したのは、疾病でも病者に帰せられた病でもなく、社会の「病」なのである。

＊「しょうがいしゃ」とは、何らかの「障碍」を抱えている人と思われているが、実際には社会によって「障害」を置かれている人のことである。上村静編『国家の論理といのちの倫理』新教出版社、二〇一四年、一一八―一二八頁参照。

もう一つの特徴は、「罪人」と呼ばれていた人々との会食にあろう。イエスは「大飯食らいの呑兵衛野郎、徴税人や罪人のおともだち」と噂されていた（マタ一一19／ルカ七34）。悪口ではあるが、イエスが恒常的に「罪人」とされた人たちと飲食をともにしていたことは事実であろう。イエスの活動を

総括するものとして「私（イエス）は義人たちではなく、罪人たちを呼ぶために来た」という言葉がある*（マコ二17b）。イエスは「罪人」に悔い改めを求めたわけではなく、ただ一緒に飯を食い、酒を飲んだ。** その振る舞いは、「罪人」とされた人々が同じ人間であるという当たり前の事実を示すことでその人間性の回復を志向すると同時に、差別する側に対する批判的な問いかけでもあったろう。イエスはまさに「徴税人や罪人の友」であったし、またそうあるためにヨハネのもとを去ったのである。そうしたイエスの活動を支え、またその中から生み出された思想はどのようなものであり、またどこに由来するのだろうか。

* この言葉自体はイエス自身に遡るものではなく、イエスの死後にその活動を総括して作られたものであろう。「義人」と「罪人」というセクト的用語法をイエスが用いたとは考え難いし、活動家は自分の活動の途中でそれを総括したりはしないだろう。

** ルカ版では「悔い改めさせるため」という言葉が付け加えられているが（ルカ五32）、これは明らかにルカによる付加である。ルカにとって「罪人」は異教徒、「悔い改め」はキリスト教への改宗の予表である。ルカはキリスト教会を悔い改めて「義人」となった異邦人の集まりと考えている。

3　イエスの思想

3-1　人間存在の価値平等性

イエスが「徴税人や罪人の友」となったのは、人間存在の価値平等性をアピールする意図があったと思われる。そのことを、「ぶどう園の労働者の譬え」（マタ二〇1-16）から考察してみよう。

あるぶどう園の主人が労働者を雇いに夜明けに広場に出かけて、一日一デナリオンの合意のもと労働者を雇う。九時、十二時、十五時には「ふさわしい」賃金を約束して労働者を雇う。十八時には労働は終わるはずだが、主人は十七時にまた広場に行き、そこにいる人々に「なぜ、一日中働かずにここに立っているのか」と問うと、「誰も雇ってくれないから」と言われ、彼らをも雇う。夕方になって、最後に雇われた者から順に一デナリオンの賃金が支払われる。すると最初に雇われた者たちが不平を言うが、主人は「一デナリオンで合意したではないか、自分の分を取って帰れ、私は最後の者にも同じように払いたいのだ。自分のものを好きにしてはいけないのか、それとも私がよいのであなたの目はわるいのか[3]」と応える（13c-15節）。

この譬えのポイントは、労働時間に応じて賃金を支払うのと、みなに同じ賃金を支払うのと、どちらが「ふさわしい」かという問いにある。常識的には前者が肯定されるのだろう。しかし、最初の労

働者の不満の原因は何であろうか。一デナリオンという金額そのものには不満はないはずだ、それに合意して働いていたのだから。最後の労働者の賃金を知らなければ、彼らは満足して家路についたのである。彼らの不満は、最後の労働者と同じ賃金だったところにある。彼らは自分たちを後者と比較し、優劣を価値判断し、序列化した。この序列に従った待遇がなされていないことが不満なのである。これに対し、主人は同賃金が「ふさわしい」という。ここで「ふさわしい」と訳されている語の原義は「正しい、正義に適う」(ディカイオン)である。最後に雇われた者たちが十七時まで広場にいたのは「誰も雇ってくれない」からである。なぜ雇われないのか。日雇いの肉体労働に最初に雇われるのは、若くて健康な男であろう。だれにも雇ってもらえないのは、高齢者や障碍者、女性、子ども等の社会的弱者である。誰にも雇ってもらえないならば、あるいは労働時間に応じて十二分の一デナリオンしかもらえなかったならば、彼らは生きていけるだろうか。労働時間に応じた賃金と同賃金は、どちらが「正義に適う」だろうか。主人は同じ賃金を支払う。それによってすべての労働者が等しく生きることができる。主人は「私がよいのであなたの目はわるいのか」と問う。「わるい目」は、悪意・邪な心を意味する。他者と比較して優位を保とうとするところには、悪意・邪な心が生じているのである。主人は労働に対してではなく、労働者に対して生きることのできる金額を与える。人間存在は、その業績の多少とは無関係に等しく価値づけられている。にもかかわらず、人間は互いに比較し合い、勝手な価値基準で優劣を競い、弱者を生み出し、差別を固定化し、いのちを損なっている。この譬えは、人間存在の価値平等性をアピールすることで、差別する者へ問いかけ、批判することを主

眼としている。

3-2　いのちを生かす神のはたらき

人間存在の価値平等性の根拠については、「思い悩むな」の言葉が示していよう（ルカ一二22-34／マタ六25-34）。

イエスは、何を食べようか、何を着ようかと思い悩むなと言い、その理由としてカラスと野の草花の例を挙げる。カラスは「蒔かず、刈らず、倉に納めることもしない」が、「神はそれらを養って」いる（ルカ一二24）。野の草花も「働かず、紡ぐこともない」が、「栄華の極みのソロモン」よりも装われている（一二27）。「今日は野にあって明日は炉に投げ込まれる草を神はこのようにまとわせるなら、あなたたちにはなおさらのことだ」と（一二28）。

カラスは律法規定によれば「穢れた鳥」の一つであった（レビ一一15）。神が与えた律法で「穢れた」とされたカラスは、人間的な労働を何一つしないのに、その神によって生かされている。「明日は炉に投げ込まれる」とは、それが役に立たないだけでなく、人間にとって邪魔になるから抜かれて燃やされるということであろう。その野草は「働かず、紡ぎもしない」のに、神はソロモン以上に装うという。ソロモンへの言及は、おそらく神殿への暗示である。[4] 宗教的敬虔の象徴として神のために建てられた神殿ではなく、野の雑草を装うために神ははたらくというのである。「蒔く、刈る、倉に納める」は男性の労働を、「働く、紡ぐ」は女性の労働を、カラスはそれを「穢れた」と定める律法を、ソロ

モンは神殿を象徴する。すなわち、人間の職業上の価値や宗教的価値とは無関係に、いのちあるものは神によって生かされて在るというのである。ここにはそうした人間の功績に価値をおく在り方に対する批判がある。人間は、功績によって人間同士を比較し、優劣を価値判断し、序列を作り、差別をもたらしているからである。そして「思い悩むな」という。人間が思う前にすでに生かされて在るのだから、と。イエスは人間存在の価値平等性を自然界の営みの中に、神に肯定されて在る被造世界の中に見たのである。

3-3　神の支配

イエスの言葉の中には、しばしば「神の国」と訳される表現が現れる。イエスの告知の中心は神の国であった、と広く考えられている。しかし、「神の国」が何を意味する用語であるかについては、多くの学者が想定するほど明確ではない。

この表現は、ギリシア語のバシレイア・トゥー・テウーの訳語であり、直訳は「神の（王としての）支配」となる（イエスが用いていたとされるアラム語でも〔ヘブライ語でも〕同じ訳になる）。これは「神が王である」「神が王として支配する」という動詞的表現の抽象名詞化である。イエスの時代には、この表現で三つの事態が考えられていた。一つは、創造論の系譜に属する「神のみが王」という理念を表すものである。もう一つは、（天上またはエルサレムの）神殿に住まう神を表す表現で、主に祭司家系の人々にとっての理念であった。三つ目は、終末論・黙示思想の系譜に属するもので、現実のロ

ーマの支配を終わらす最後的・決定的な神の介入を待望するものであり、後一世紀にはこの終末論的解釈が広まっていた。

ほとんどの学者は、こうした時代背景およびイエス死後に成立したキリスト教の終末論的性格から、イエスもまた終末論を語っていたと考えている。[5] しかしながら、黙示思想は二元論的世界観を前提とするが、イエスに二元論は希薄である。「罪の赦し」を求めて洗礼者ヨハネのもとに行ったにもかかわらず、ヨハネの弟子にはとどまらず、むしろ「罪人」とされた者たちのもとへ行き、彼らの友となっている。黙示思想では、被造世界は終わりを迎えるはずだが、イエスは自然界にはたらく神を見ている。以下では、イエスが「神の支配」という表現で何を語っているのか見てみよう。

3-3-1　終末論的神の支配　イエスが「神の支配／国」について語るいくつかの言葉は、明らかに終末論的な意味を持っている。有名なところでは、「金持ちが神の国に入るよりは、ラクダが針の穴を通る方がまだ易しい」（マコ一〇23）という言葉がある。あるいは、「徴税人や売春婦の方があなたたちより先に神の国に入る」（マタ二一31）とも言われる。これら「入る」という動詞（およびそれに類する語）とともに用いられるとき、「神の支配」はたしかに終末論的意味合いを示している。[6] しかし、これらの言葉は終末論的な神の国に「入る」ことではなく、「入れない者」について語っている。金持ちや「徴税人や売春婦」を差別している者は、神の国に入ることはできないというのである。とすると、有名な「貧しい者は幸いだ、神の国は彼らのものなればなり」（ルカ六20／マタ五3）もまた、自

分たちこそは真っ先に神の国に入れると思う「あなたたち」に対する拒絶と批判の言葉として解する方が的を射ていよう[7]。

こうした「神の国に入る」といった表現をともなう言葉の中で、「子どものように神の国を受け入れない者は、決してその中に入ることはできない」（マコ一〇15）は興味深い。ここではそこに入ることが望まれている神の国と、子どもがすでに受け入れている神の国の二つが同時に言及されている。大人がそこに入りたいと願っている神の国が終末論的救済財であることは明らかであるが、子どもが受け入れている神の国は現在するものである。現在する神の国／支配とは何であろうか。

3-3-2　現在する神の支配　そこで現在する神の支配を明示していると思われる譬え話を見てみたい。「自ずから育つ種の譬え」である。

マコ四26-29「神の支配は、人が地に種を蒔くようなものである。夜と昼、彼は寝て、また起きる。そして彼が知らないうちに種は芽を出し、また伸びる。地は自ずから実を結ぶのであり、まず青葉、それから穂、それから穂の中に穀物が満ちる。実が許すと、すぐに彼は鎌を入れる。刈り入れが来たからである」。

農夫が種を蒔くと、人間の思惑や振る舞いとは無関係に、知らぬ間に芽が出て育つ。なぜなら、地が

「自ずから」（オートマトス）実を結ぶからである。すなわち、神のはたらきによって、種は育ち、実りをもたらす。人間はそれを受け取るだけである。神は自然界にはたらきかけ、それによって人間は地の恵みをいただく。それが「神が支配する」ということだ。現在する「神の支配」とは、いのちを生かす神のはたらきなのである。

「子ども」が神の支配を受け入れているとは（マコ一〇15）、生かされてあるいのちを享受している在り方を指し示している。子どもの無邪気さや明るさは、与えられたいのちを十全に受け取っている様であり、そのように今、この世で与えられているいのちを受け入れない者が、どうして来るべき世において「神の国」に入れようか。

ここには人間（大人）の賢しらさへの批判がある。律法遵守の度合い、すなわち宗教的敬虔を互いに競い合い、自分たちの価値判断に従って、終末論的神の国に入る／入らない、あるいは永遠の生命を得る／得ないといって人間間を二分する。人間がどう振る舞うかどう思うかの前に、いのちはすでに生かされて在る。そのことに気づかぬまま、あるいは無視したままに為される人間の価値評価こそが、差別を生み、格差と貧困をもたらすのである。

3-4　イエスの神観と人間観

後一世紀のユダヤ人たちが宗教的敬虔を高めることに熱心だった背景には、黙示思想がある。それはある特定の生き方を自ら選び、それを実践する者は、終末後の世界において永遠の生命が得られる

という世界観である。それは自力救済型の宗教体系であり、人間は自らの努力によって「神のように」なることができるという思想である――「永遠の生命」とは神の属性である（創三22）。

黙示思想には、この世の現実の一部（政治・社会）が思い通りにならないことへの苛立ちと諦観がある。それゆえ被造世界全体を否定し、新しい創造を待望する。そこにはこの世の創造神に対する不信が内包されている。そして、いのちを生かす神への不信は、自分の存在に対する不安をも掻き立てる。この不信と不安を隠蔽するために、自分たちに都合のいい未来をもたらしてくれる神への信仰熱心を演じるのである。こうした敬虔に見せかけた不信仰は、自らが「神のように」なるという傲慢と人間の分を越えた欲求をともなうのであり、また自己の存在への不安は他者との比較による優位を求め、劣位の者を差別することで一時の安心を得ようとする。こうした人たちにとって洗礼者ヨハネの教えほど好都合なものはなかった。それまでの罪をしっかりと悔い改め、禊としての儀礼（洗礼）を受け、新しく生まれ変わり、律法をきちんと守ってもはや罪を犯さないで生きていく自分、そういう自己満足感を与えてくれる、そのように生きることのできない人たちへの蔑みを抱きながら。ヨハネとそのもとに集まった者たちの滑稽なほどの生真面目さは、無邪気に明るい子どもたちと見事に対照的である。子どもは、過去にも未来にもとらわれることなく〈今〉を生きるのであり、また他者を身分や地位、功績の多少や宗教的敬虔さなどで見ることをしない。

洗礼者ヨハネのもとを去り、蔑まれている者たちの友となったイエスは、「神の他によい者はいない」という（マコ一〇18）。自らを「よい」と言える人間はいない。なぜなら、「人の心の思いは、若い

ときから悪い」（創八21）のであり、また「地上に義人はいない」（コヘ七20）からである。そうであるならば、他者を「罪人」と呼べる者もいない。しかし、実際には「罪人」とレッテルを貼られて差別されている人たちがいる。それゆえに、イエスは彼らと会食し、人間存在の平等性をアピールしたのである。唯一よい者たる神の「よさ」とは、悪い思いを心に秘める人間をなおそのままで生かすところにある（創八22参照）。「父は悪人たちの上にも善人たちの上にもかれの太陽を上らせ、義人たちの上にも不義なる者たちの上にも雨を降らせて下さる」（マタ五45）と言われる。人間は自らを「義人」とすることはできないが、なお肯定され生かされて在るのである。

こうした人間観をイエスは自然から学んだ。穢れたとされたカラスや農作業の邪魔となる野の草花から、あるいは地に蒔かれた種の育つ姿から、人を選ばずに昇る太陽と雨から。人間の作り上げた倫理的価値観とは無関係に、いのちあるもの（被造物）はすべて、神の支配下にあって、神のはたらきを受けて、生かされて在るのである。

4　イエスの思想の系譜

イエスの思想は、「神のみが王」という理念に由来する創造論の系譜に属する。イエスの告知の中心とされる「神の支配」（マルフート）とは、まさに「神が王である」（マラフ）という理念の名詞表現

なのである。この理念が審判預言を経由しているように、イエスもまた金持ちや宗教指導者に対する裁きを語っている。またそれが創世記冒頭やヨブ記やコヘレトなどの知恵文学を経由しているように、イエスもまた人間の不完全さと被造性を強調する。

イエスがこうした思想を身に付けるにいたったのは、聖書を丁寧に読んで学んだからということではなさそうである。少なくともその活動の前には、洗礼者ヨハネのもとに馳せ参じて、洗礼を受けている。異常に「罪意識」の強い青年イエスは、その「罪意識」から逃れるためにヨハネのもとに向かったはずである。しかし、ヨハネの教えに満足せず、その元を離れて独自の活動を展開した。イエスは、自分で考え、自然界から神のはたらきを学んだのである。こうした不完全にして肯定されて在るという人間存在についての洞察は、人間および自然界を観察すればどの文化圏からでも生まれ出る思想であり、それゆえイエスの思想には非キリスト教世界においても受け入れられる素地がある。

第九章　パウロ

1　教会の迫害者パウロの回心

1-1　キリスト神話とキリスト派の成立

Ⅰコリント一五3-5「なぜなら、私があなたたちに最初に伝えたのは、私自身も受けたものである。すなわち、キリストは聖書に従ってわれらの諸々の罪のために死んだということ、そして葬られたということ、聖書に従って三日目に起こされたということ、そしてケファに現れ、次いで十二人に現れたということである」。

パウロがここで「私自身も受けた」と言っているように、この引用句はパウロ以前に成立していた伝承である。イエスの死後、弟子たちは大きな躓き(つまずき)の中にあった。期待をかけていた師匠の死、またその死の間際に師を見棄てて逃げ去ってしまった負い目があった。そうした絶望の中で死んだはずのイエスが「現れた」。ここで「現れる」と訳した語は、「見る」の受動態であるから、事柄としてはケファ(＝ペトロ)が「見た」ということになる。重い罪責感の中にあった弟子たちにとって、死んだはずのイエスを見るという出来事は、「赦し」として体験された。それゆえ彼らはイエスの死の意味を聖書の中に求め、イザヤ書五二章13節—五三章12節にその答えを見いだした。そこに描かれる「苦難の僕」こそイエスの姿であり、イエスは「われらの諸々の罪のために死」に、*それが代贖(だいしょく)の死であるがゆえに死から「起こされた」(復活)と解した。こうして彼らはイエスの死と復活を聖書預言の成就とし(「聖書に従って」)、こうした神の計画の完成者としてのイエスをユダヤ人が長いこと待ち望んでいたメシア＝キリストと同定した。こうしてイエスの代贖死と復活というキリストの出来事を、神の予めの計画とその実現とするキリスト神話が成立した[1]。

＊ ここの「われらの諸々の罪」は、最初の実感としては弟子たち自身のイエスを見棄てた負い目を表していたであろうが、それがイザヤ書と関連付けられた結果、ユダヤ人一般へと拡大して解釈され、さらにその後の異邦人宣教の過程の中で人類一般へと拡大されていったと思われる。

親しい人の唐突で理不尽な死。その事実を受け入れるのは残された者にとって容易なことではない。しかし、ときにその死者と夢や幻の中で出会うことで前を向いて生きられるようになるということがある。[2] 弟子たちの、死んだはずのイエスを「見た」という体験も、最初はそのようなものであっただろう。けれども、彼らはそれで前を向いて日常生活に戻ったのではなかった。そうではなく、むしろその体験を聖書に基づいて正当化し、キリスト神話を作り上げ、それを受け入れるか否かがその者の「救済」か「滅び」かを決定するという二元論的世界観へと突き進み、セクトを形成して熱心な宣教活動を行うようになった。そこには払拭しきれない二重の負い目――イエスに対してとユダヤ社会に対して――があったように思われる。イエスの死をどのように意味づけようと、弟子たちがイエスを見棄てたという事実は消えない。彼らは自分たちの過去と向き合うよりもそこから逃れる方を選び、イエスをキリストへ、ダビデの子へ、神の子へ、そして神へと栄光化する方向へと道を開いた。周りのユダヤ人からすれば、彼らは磔刑に処された犯罪者の弟子でしかなかった。キリスト神話は彼らを犯罪者の弟子からメシアの弟子へ、神の奥義を知らされた特別に選ばれた者へと高めてくれる。こうして彼らは二重の負い目を隠蔽していったのだが、隠蔽された負い目から来る不安感は払拭されない（この隠蔽に対する良心の呵責が、マルコ一四50-52の伝承として残された可能性がある）。この不安を解消するために彼らは熱心に宣教活動を行う。仲間が増えれば自分たちの正しさが証明されるからである。「救済」を掲げた彼らは、同時に「滅び」をも伝えなければならなくなった。それは当時の黙示思想に即したものであるが、彼らの抱え続けた不安こそが彼らをして、イエスの思想と活動に反する二元

論的世界観を受け入れさせたのではなかろうか。

キリスト派の宣教活動は功を奏し、少なくないユダヤ人の仲間を得、さらにエルサレムに滞在していたディアスポラ出身のユダヤ人（ヘレニスト）をも仲間に加えることができた。しかし、ヘレニストは神殿祭儀批判を行ったため、エルサレムを追われ、ディアスポラの地へと散って行き、そこで宣教活動を行った。その結果、ディアスポラの地において、異邦人出身者の中からも仲間を得ることになり、ユダヤ人・異邦人混合教会が成立した。そこでは、ユダヤ人も異邦人も区別なく一緒に礼拝に参加し、共同の食事をともにした。ヘレニストは、イエスの（社会的）「罪人」との会食を（民族的）「罪人」との会食へと適用したのである。[3]

1-2　パウロの回心

パウロは、回心前の自分を次のように回顧している。

フィリピ三5-6「八日目に割礼を受け、イスラエル民族の出身、ベニヤミン部族の出身で、ヘブライ人の中のヘブライ人、律法に関してはファリサイ派の一員、熱心さに関しては教会の迫害者、律法における義に関しては責められるところのない者」。

ガラテヤ一14「わが民族の中では同世代の多くの者たち以上にユダヤ教において先んじており、わが父祖たちの伝承についてよりいっそう熱心な者であった」。

回心前のパウロは、イスラエルの出自であること、律法を完璧に守ることにおいて自己肯定感を得ていた。ガラテヤ書で「多くの者たち以上に」とか「よりいっそう」といった表現が用いられているように、パウロの自己肯定感は他者との比較の上に成り立つもの、相対根拠に基づく自己肯定であった。すなわち、民族主義と律法主義がパウロの前提としてあった。パウロが「教会の迫害者」だったのは、キリスト派がユダヤ人と異邦人の違いを無視して共同体をつくり、そこにユダヤ人・異邦人の別なく積極的に勧誘していたところにあるだろう。キリスト派の活動は、パウロの自己肯定の根拠を無意味化するものであった。そこにパウロの苛立ちがあったと考えられる。パウロもまた自力救済型の宗教体系の中にいたのであった。

迫害の最中に、パウロは回心を体験する。他者との比較の上に自力救済を求める在り方にこそ根源的な「罪」を認め[4]、それにもかかわらず神の側から一方的に「然り」——イエスの磔刑死と復活——が与えられた、そのことへの気づきが回心の体験であった。パウロは自己肯定の絶対根拠を得たのであり、他力本願型へと転向したのであった[5]。民族主義者にして律法主義者だったパウロは、回心をとおして正反対に生まれ変わり、「異邦人のための使徒」（ガラ一15-16、二8）となって「律法の終わり」（ロマ一〇4）を告げるようになる。

とはいえ、パウロの回心は「改宗」ではない。パウロにとってイスラエルの神が唯一の「生ける真の神」（Iテサ一9）であることも、パウロがユダヤ人（ユダヤ教徒）であることにも変わりはない。平

たく言えば、パウロはファリサイ派からキリスト派へと宗派替えをしたのである。パウロにとっての救済とは、「現在の悪の世からの解放」（ガラ一4。上述、Iエノク四八7参照）であり、「死人たちの中からの復活に到達」（フィリ三11）すること、すなわちこの世の終末の後に永遠の生命を得ることである。[6] パウロは回心の前も後も黙示思想の枠の中に生きている。パウロが好む「義とされる」という表現にも、この黙示思想的枠組みが前提とされている。

2 パウロの神学

2-1 「信による義」

ルター以来、パウロ神学の中心には「信仰義認論」があると言われてきた。その根拠となるテキストの一つがガラテヤ書にある。

ガラテヤ二15-16「私たちは生まれによるユダヤ人であって、異邦人出身の罪人ではない。だが、人はイエス・キリストの信によるのでなければ律法の業からは義とされないと知って、私たちもまたキリスト・イエスに信を置いたのである。律法の業からではなく、キリストの信から義とされるために。というのは、律法の業からはいかなる肉も義とされることはないからである」。

ここではまず、異邦人は異邦人出身であるというだけの理由で「罪人」であることが前提されている。理由は単純で、異邦人であるとはイスラエルの神を受け入れていないことを意味するからである。しかし、「罪人」ではないはずのユダヤ人は、ユダヤ人として生きさえすればいいのかと言えば、そうではないという。なぜなら、「律法の業からは義とされない」のだから、生まれがユダヤ人で、律法を完璧に守っていたとしても、それでは「義とされない」。すなわち、ユダヤ人もまた「罪人」なのである(ロマ三9参照)。しかし、そのユダヤ人に「イエス・キリストの信」――イエスがその死に至るまで神に忠実だったこと――が示された。[7] そこで「キリストの信から義とされるために」、パウロもまたキリストに信を置いたという。ユダヤ人が「律法の業から」は義とされず、「キリストの信から」義とされるのであるならば、異邦人もまた「キリストの信から」義とされるはずである。こうしてパウロは、ユダヤ人と異邦人の差異を乗り越えようとしている。「信仰義認論」という言い方は、事柄の半分しか表現できていない。まずは「キリストの信」が先に示されたのであり、それに対する応答として人間の「キリストへの信」が要求されるのである。とはいえ、結局のところ人間の側の「信」が要求されることに変わりはない。

ロマ一〇9-10「というのは、もしあなたがあなたの口でイエスは主であると告白し、あなたの心で神は彼を死者たちの中から起こしたと信じるなら、あなたは救われるだろう。なぜなら、心で信

じられて義にいたり、口で告白されて救いにいたるからである」。

ここでは、「もし」（エアン）という言葉が使われているように、人間の側の信仰が救済の条件となっている。パウロの回心は、自力救済の不可能性に気づき、他力本願へと転向したところにあった。「信による義」も「キリストの信から義とされる」という限りにおいては、やはり他力本願を志向している。しかし、パウロは「義とされる」ことを「欲する」（ガラ二17）。「義」という法廷用語——最後の審判における無罪判決——を用いることで、パウロは人間を義とされる者（信者）とされない者（非信者）に二分してしまう。それゆえ、「キリストへの信」は救済の条件とされる。したがって、パウロは「滅びる者」についても語ることになる。

Iコリ一18「なぜなら、磔柱の言葉は滅びる者にとっては愚かさであるが、私たち救われる者にとっては神の力である」。

明らかにパウロは黙示思想の枠内にあって、二元論的世界観を前提としつづけている。回心の出来事が決定的であったにもかかわらず、他力本願を貫徹することはできず、半ば自力救済型に戻ってしまった。それは、パウロにとっての救済が「永遠の生命」という黙示思想の産物であったことに由来する。「永遠の生命」を得ること、すなわち「神のように」なることへの欲求が、パウロをして他者を

裁く傲慢から逃れさせなかったのである。

2-2　救済史神学

「信による義」を語るパウロは、「律法の終わり」を宣言する（ロマ一〇4）。「信」と「律法」は二者択一の問いとされる。しかし、ユダヤ教キリスト派の信者であるパウロにとって、聖書を与えたのも、聖書に書かれた律法を与えたのも、「生ける真の神」たるイスラエルの神である。「信」の有効性と「律法」の無効性を主張するために、パウロはキリストの出来事を神の救済行動として歴史と関連づける。

パウロの救済史を図式化すれば、次のようになろう（パウロは自らの考えた救済史を体系立てて説明することはしていないので、ここではパウロ書簡に散りばめられている関連箇所を取り出してまとめる）。アダムが罪を犯し、それによって全人類に「死」がもたらされた（ロマ五12-14）。次にアブラハムが「信」によって義とされ、それゆえにアブラハムの「子孫」が選ばれ、約束が与えられた（ロマ四1-25、ガラ三6-9）。その後、モーセをとおしてアブラハムの「子孫」たるユダヤ人に律法が与えられたが、それは「罪」が顕（あらわ）となるためであった（ロマ三20、ガラ三19-22）。律法はキリストの「信による義」が現れ、「信による義」が示された（ロマ三21-22、ガラ三23）。そして、そのユダヤ人にキリストが現れるまでの期間限定の役割しか担っていなかったので、今や律法はその役目を終えた（ガラ三24-25）。しかし、ユダヤ人がこの「信による義」を拒絶することによって、「信による義」は異邦人に与えられることになった（ロマ一一11）。実はアブラハムの「子孫」、約束の与えられた「子孫」とは、その血縁

上の「子孫」たるユダヤ人ではなく、「信による義」を受け入れる者こそが「真のイスラエル」なのだった（ロマ九8、ガラ三26−29）。しかし、血縁上の子孫たるユダヤ人も見棄てられたわけではなく、異邦人に「信による義」が満ちた時には、ユダヤ人もまた「信による義」を受け入れ、そうして救われるはずだ（ロマ一一11−32）。

すなわち、パウロは律法を「信による義」が現れるまでの期間限定のものとすることで、「律法の終わり」を主張するのである。パウロは回心体験によって自らの律法主義的生き方の過ちに気づいたのだが、その後は律法そのものの終わりを語る。ここには論理の飛躍がある。律法主義の問題は、律法遵守を救済の手段とし、それゆえに他者との分断を生むところにある。そもそも律法はユダヤ人の民族アイデンティティの確立を意図して生み出されたものであって、その遵守の度合いによって救われる者と滅びる者とに二分する基準ではなかった。後一世紀のユダヤ人の間には、黙示思想に基づいて、律法遵守を救済の手段とする律法主義が広まっていた。パウロはこうした時代の流れを克服することはできなかった。ただ、律法を信に置き換えて、信仰主義に陥ってしまったのである。

3　パウロ神学の問題

3−1　反ユダヤ主義の根源

パウロの「信による義」の神学は、「信」と「律法」を二者択一の問いにしてしまった。それは、従来のユダヤ教のあり方を否定することになる。ユダヤ教の根幹は「選民と律法」であり、それがアブラハム契約（割礼による選民）とシナイ契約（律法授与による選民）であった。パウロはそれをもはや終わったものとしてしまう。それゆえパウロは、従来のユダヤ教の契約を「旧い契約」（IIコリ三14）とし、キリストによる「新しい契約」に取って代わられたものとする（交代神学[*]）。パウロはモーセに律法を与えた神がキリストをとおして契約を更新したと考えているのだが、アブラハム契約とシナイ契約を有効と考えるユダヤ人からすれば、パウロ神学はもはやユダヤ教ではないことになる。こうしてパウロ神学は、パウロ本人の意図を離れて、キリスト派をキリスト教へとユダヤ教から分離させる神学的な契機となった[**]。

＊　交代神学はパウロ系教会に固有のものであって、同時代の他のキリスト派は必ずしもこれに賛同しなかった。例えば、異邦人クリスチャンにユダヤ教への改宗を要求するグループ（完全派）がいた。またペトロとイエスの弟ヤコブは「使徒教令」を発布したが（使一五章）、それは異邦人クリスチャンに割礼と律法遵守を要求しないが、ノア契約を守るよう求めるものであり、それはユダヤ教の契約への参与の意思を証しするものであった。キリスト派内の立場の違いについては、拙著『旧約聖書と新約聖書』前掲、二二七―二三〇頁参照。

＊＊　政治的にはローマによる「ユダヤ金庫」をめぐる政策が分離の契機となった。拙著『キリスト教信仰の成立』前掲、三四―四二頁、同『宗教の倒錯』前掲、二七八―二八八頁参照。

ユダヤ教から分離したと言っても、ユダヤ教の理解なしにキリスト教は存在しえない。創造神もメシアもユダヤ教の考えである。それゆえ、「旧い契約」と呼びながら、それなしには「福音」を伝えることもできない。そこで、ユダヤ教の生み出した聖書を「旧約聖書」と呼んで自分たちの聖典の一部とした。ユダヤ教なしには存在できないユダヤ教の一派でありながら、ユダヤ教を否定しないと自らの正当性を示すことができない。パウロの立てた「信」か「律法」かの問いは、キリスト教かユダヤ教かという問いになった。キリスト教の立場からすれば、ユダヤ教は終わったもの、否定されるべきものとなった。ここにキリスト教による反ユダヤ主義の根源がある。「旧約」とはキリスト教の反ユダヤ主義を象徴する言葉なのである。

3-2　倫理的完全主義

パウロは「律法の終わり」を告げたが、「聖化」されるにふさわしく生きることを要求する（Iテサ四1-8）。律法なしに聖く正しく生きるというのは、倫理にしたがう他はない。しかし、何が倫理的に正しいかはそれほど明確ではないし、そもそも倫理的要請は時代と文化によって異なる。パウロはしばしば悪徳表を掲げて、クリスチャンがしてはいけないことを示しているが、それらはヘレニズム・ユダヤ教的な倫理であり、またそれらだけを守ればいいというわけでもない[8]。しかし、正しく生きないと神の国を受け継ぐことはできないという。

クリスチャンになったとしても、倫理的に完全に正しく生きなければ救われない。こうした要請は、

信者の心を縛り、委縮させ、また不安の中を生きることを強要する。そして不安な信者は、信仰熱心を演じて生きるようになる。だが、そもそもキリスト神話の中心にあったはずの「贖罪論」はどうなってしまうのだろう。イエスの死は、人間の罪を負う身代わりの死ではなかったか。もし人が自らの意志で律法なしに倫理的に正しく生きられるのであれば、イエスの死は不要になってしまう。パウロは律法の有効性を否定しただけでなく、事実上キリスト神話にあったイエスの死の意味をも無効化してしまったのである。

実際、パウロはキリスト神話にあった「贖罪論」――イエスが人間の犯す律法違反の諸々の罪を贖うために身代わりの死を遂げた――を展開することはせず、イエスの磔刑死という死の形を新たに意味づけした。すなわち、律法によれば、「木に架けられる者はすべて呪われている(9)」にもかかわらず、その律法を与えた神が「木に架けられた」(磔刑死した)イエスを復活させたことで、人間を「律法の呪いから贖い出した」という(ガラ三13)。こうして人は律法ゆえに逃れられなかった根源的な「罪」から解放された、それこそがイエスの磔刑死の意味なのだというのである(10)。パウロにとってイエスの磔刑死は、「律法の終わり」と「信による義」を告げるものであり、人間を根源的な「罪」から解放するものではあっても、人間が現実の生活の中で犯してしまう「諸々の罪」を赦してくれるものではないのである。*

パウロは、終末が目前に迫っているという時間感覚を持っている。それゆえ倫理的完全主義を標榜した**(Ｉコリ七26)。この世の生を謳歌してはいけないのであって、ひたすら終末後の永遠の生命のた

めに生きることが求められる。それゆえ社会秩序の変革を求めない。女は男に従うべきであり（Ｉコリ一一3-16、一四34-35）、奴隷は奴隷のままでいることが望ましく（Ｉコリ七21）、時の政治権力には従うべきである（ロマ一三1-7）。パウロは、徹頭徹尾、黙示思想の枠内にとどまり続けたのである。

＊ これに対して、ペトロやイエスの弟ヤコブは、イエスの死を律法を守りたくても守れない不完全な人間のための代贖死と理解した（Ｉコリ一五3）。律法の軛のもとにない異邦人も、律法を守らない不完全さの中にあってなおイスラエルの神を受け入れる証を示すことで、イエスの代贖死による救いに与かれるとして「使徒教令」を出したのである（二一四頁注＊参照）。

＊＊ もともと律法主義者であり、律法を完全に守っていると自負していたパウロにとっては、パウロの感性から見た倫理を完全に守ることは難しいことではなかっただろう。しかし一般の信者からすれば、それはひどく重い要求になっただろう。

結論

イエスも時代の子として黙示思想の枠の中にあり、強い「罪意識」ゆえに家族を棄てて洗礼者ヨハネのもとに馳せ参じた。それは「諸々の罪の赦し」を得て、終末の裁きから逃れるためであった。し

かし、イエスはそうした世界観そのものの過ちに気づき、ヨハネのもとを離れ、村々を巡回して「罪人」の友となった。イエスにとって神は「裁きの神」ではなく、不完全な者をそのままで生かす神、いのちを生かすはたらきであった。しかし、現実社会には功績主義が蔓延り（はびこり）、「罪人」とレッテルを貼られて差別される者たちがいた。それゆえ彼らに対しては無条件の「罪の赦し」を宣言し、金持ちや宗教指導者に対しては彼らこそ「神の国」から締め出されると批判した。やがてイエスの批判は神殿体制に向けられ、それゆえに処刑されてしまった。イエスは黙示思想の根幹にある二元論的世界観を否定し、神によって創造された被造世界を肯定する一元論的世界観を提示した。イエスの思想は「神のみが王」を理念とする創造論の系譜に属している。

パウロは、熱心な民族主義者にして律法主義者だった。それは黙示思想の枠内にあって、終末後の永遠の生命を得るためだった。その熱心さゆえにキリスト教会を迫害したが、回心を体験し、それまでの自分のあり方の過ちに気づいた。しかし、それでもなおパウロは黙示思想を引きずりつづけた。パウロは明瞭に終末論の系譜に属している。そのため、救われる信者と滅びる非信者を二分し、また律法を否定してその代わりに「信」をおき、結果的にキリスト派をユダヤ教から分離させるとともに、神学的にユダヤ教を否定することになった。律法を否定したパウロは、律法なしに聖く正しく生きることを信者に求める。信者と言えども、パウロの倫理的価値観に即して生きなければ救われない。パウロは、イエスの否定した二元論を掲げ、イエスの弟子たちがイエスの死に与えた「贖罪論」をも無意味化してしまった。イエスの思想ともイエスの弟子の思想とも相容れない思想を、パウロは展開し

た。

キリスト教は、これら三つの思想を混在させながら今日にいたっている。イエスの活動を引き継ぐ形で、社会的弱者に寄り添う活動が継続されている。弟子たちの「贖罪論」は、アウグスティヌスを介してパウロの根源的な罪からの解放と結合され、「原罪」の赦しの教義としてキリスト教の根幹となっている。そして、パウロの「信からの義」が受け入れられ、ユダヤ教から分離し、もはや律法を守ることはしない。また、弟子たちとパウロの思想の枠であった黙示思想も受け継がれ、「永遠の生命」が救済財にされるとともに、人間を救われる信者と滅びる非信者とに二分し、それゆえに救済を掲げた宣教活動を熱心に推進しつづけている。また、パウロの政治権力の肯定は後の教職位階制の正当化を、男女の上下関係の固定化は家父長制の膨張をもたらし、今日なおこれらに由来する問題は根深く残されている。

キリスト教はユダヤ教の一派であるがゆえに、「異教[11]」――異文化・他宗教――を受け入れることができない。「異教」もユダヤ教も否定するキリスト教は、孤立した族(やから)となり、ローマ人やギリシア人からは「邪教」(*superstitio*)と呼ばれ、迫害されるようになる。しかし、四世紀末にローマ帝国の国教になると、今度は異文化を破壊し、ユダヤ人を迫害するようになる。ヨーロッパにおける反ユダヤ主義は、中世をとおして断続的にその猛威を振るうが、宗教改革を経て国民国家が形成されていく過程でその様相を変える。そして、ナチス・ドイツによるホロコーストにいたるが、それ以降も現在にいたるまで、なおクリスチャンの反ユダヤ主義は消え去ってはいない。

ローマ・カトリック教会は、パウロのような切迫した終末意識を保つことはできなかった。終末は来なかったのである。そこでカトリックは、キリスト教の儀礼化を進めていった。「キリストの代理者」（マタ一六18-19に基づいて）を自任し、秘跡（サクラメント）を定め、洗礼を授けることで救いを約束した。罪を犯した場合にも、告解という制度によって、洗礼の秘跡が守られるように制度化した。倫理的完全主義は放棄された。幼児洗礼が制度化され、ヨーロッパ人のほとんどがクリスチャンになると、もはや信仰は問題とされず、善行を積むことが奨励されるようになった。

しかし、教会の求める善行——贖宥状（しょくゆうじょう）の購入——に堕落を見たルターは、宗教改革を起こし、プロテスタントが生まれた。ルターは「信仰のみ」をスローガンにしたが、その根拠はパウロの手紙であった。*ルターはパウロを再発見し、「信仰義認論」を展開したのである。ルターの影響を受け、宗教改革をさらに進めたカルヴァンは、予定説と世俗内禁欲を唱えた。人間の救いは神の一方的な恩寵によるのであって、人間の行いはその人の救いか滅びかに影響しない。しかし、そうであっても聖く正しく生きること、世俗の中で勤勉かつ禁欲的に生活することが望まれる。自らの「罪」意識に悩んでいたルターは、終末論的志向を有していたし、予定説を唱えたカルヴァンにもそうした傾向があった。宗教改革がその後の宗教戦争の時代を招いた結果、ヨーロッパには強い終末意識が再燃するようになった。十七世紀初頭には「千年王国論」が広まり、[12] それ以降、盛衰を繰り返して今日にいたる。**カルヴァン派の一部はピューリタンとなり、そのさらに一部はアメリカ大陸に渡って新しい国を建国した。ピューリタンは、その名のとおり「純潔主義者」なのであり、それは倫理的完全主義を目指す

ことを意味する。

* カトリック教会の求める「善行」をパウロの否定した「律法の業からの義」と同一視し、それを攻撃するために「信仰のみ」をスローガンとした。

** いわゆる「クリスチャン・シオニズム」——ユダヤ人がイスラエルに帰還して第三神殿を建設することでイエスが再臨するという運動——の源流はここに遡ることができる。彼らの存在が現在のアメリカの親イスラエル政策の原因である。役重善洋『近代日本の植民地主義とジェンタイル・シオニズム——内村鑑三・矢内原忠雄・中田重治におけるナショナリズムと世界認識』インパクト出版会、二〇一八年、四一—一一四頁参照。

カルヴァンの予定説は、カルヴァン本人の意図を離れて、人々の間に不安を掻き立てることになった。それが世俗内禁欲を実践させることに繋がったのであるが、それはまたパウロの倫理的完全主義を再興させることでもあった。宗教戦争にともなう終末意識の高まりは、この傾向に拍車をかけた。その完成を目指したのがピューリタンであり、その理念を体現するのがアメリカという国である。不安を根に持つ倫理的完全主義は、他者との比較における優位を求める。勤勉と世俗内禁欲の奨励は、蓄財の成功者を倫理的に評価し、貧しい者を堕落した者とみなすことに繋がる。ウェーバーはこうしたプロテスタントの倫理を資本主義の促進と関連づけたが[13]、現在アメリカを中心に世界に広まっている新自由主義経済の理念——競争の肯定とその結果に対する自己責任の強調——もまたピューリタン

の価値観を反映している。*

＊　一九八〇年代以降の新自由主義経済の推進者は、「ネオコン」（新保守主義者）であり、アメリカの「保守」とはキリスト教保守（つまりはピューリタン的理念の保持者）のことである。

近現代の「西洋」を支配する理念は、プロテスタントをとおして再発見されたパウロのそれの変種であり、それは黙示思想に淵源する。黙示思想は「神のように」なることを欲し、人間を分断するだけでなく、それを受け入れた者にも不安から解放されることを許さない。終末に規定されて、倫理的に正しくこの世の生を送ることが求められる。

イエスの活動と思想はその真逆であった。被造物として存在すること自体が神による祝福なのであり、まずは与えられたいのちをこの世で享受すればいいのであって、倫理は後からついてくる。「神のみが王」という創造論の理念は、被造物が生かされて在ること、それゆえに人間による人間支配を認めないという倫理を要請するのである。そして、人間が「神のように」なれないこと――人間の相対性、不完全性――を自覚するがゆえに、倫理的に完全であることを求めない。

終末論は人間が「神のように」完全になりうることの期待を語るが、創造論はその不可能性を弁えることを教える。終末論は高潔さを求めるが、創造論は愛（赦し）を前提とする。現代世界は、現世利益を貪り合っているように見えながら、実は自覚されないままに終末論的思想に規定されている。

しかし、さまざまな個性を持つ人々が共生していくうえで望ましい思想の系譜はどちらであるか、一神教徒はもちろんそれ以外の人も、自分を取り巻く価値観について再考する必要があろう。

参考文献

青野太潮『「十字架の神学」をめぐって』新教出版社、二〇一一年
青野太潮『パウロ——十字架の使徒』岩波新書、二〇一八年〔初版二〇一六年〕
浅野淳博他『新約聖書解釈の手引き』日本キリスト教団出版局、二〇一六年
荒井献『新約聖書とグノーシス主義』岩波書店、一九七一年
ウェーバー、マックス『プロテスタンティズムの倫理と資本主義の精神』大塚久雄訳、岩波文庫、一九八九年（"Die protestantische Ethik und der 'Geist' des Kapitalismus," 1904–05）
上村静『イエス——人と神と』関東神学ゼミナール、二〇〇五年
上村静「五書がトーラーな理由」『ユダヤ・イスラエル研究』二一号、二〇〇六年、一七—二八頁（『キリスト教信仰の成立』後出、一四三—一六五頁所収）
上村静「後一世紀パレスチナの空気」『新約学研究』三五、二〇〇七年、五—三〇頁
上村静『キリスト教信仰の成立——ユダヤ教からの分離とその諸問題』（fad 叢書4）関東神学ゼミナール、二〇〇七年
上村静「聖書の非神話化と再神話化」、松村一男・山中弘編『神話と現代』リトン、二〇〇七年、一八三—二一〇頁
上村静『宗教の倒錯——ユダヤ教・イエス・キリスト教』岩波書店、二〇〇八年
上村静「『復活』と『永遠の生命』への希望・『私の生命』と〈永久なるいのち〉」『福音と世界』二〇〇八年、四月号、一二—一七頁

上村静「『聖書』と『歴史』――解釈学的問題」、市川裕・松村一男・渡辺和子編『宗教史とは何か』下巻、リトン、二〇〇九年、一二三―一四五頁
上村静『旧約聖書と新約聖書――「聖書」とはなにか』新教出版社、二〇一一年
上村静『キリスト教の自己批判――明日の福音のために』新教出版社、二〇一三年
上村静「聖書解釈の限界とその現代的意義」『京都ユダヤ思想』四号、二〇一三年、一〇一―一〇四頁
上村静（編）『国家の論理といのちの倫理』新教出版社、二〇一四年
上村静「コヘレトとイエス――ニヒリズムによるエゴイズムの克服」、日本聖書学研究所『聖書学論集四六　聖書的宗教とその周辺』リトン、二〇一四年、二二五―二三八頁
上村静「神殿の崩壊――第4エズラ記」『聖書学論集』五〇、二〇一九年、一―二二頁
上村静「クムランと死海文書――神殿時代末期のユダヤ社会の同時代史的視点から」『ユダヤ・イスラエル研究』三三、二〇一九年、一三―二五頁
上村静「第二神殿時代におけるガリラヤのリーダーたち――ユダヤ性への問い」、勝又悦子・柴田大輔・志田雅弘・高井啓介編『一神教世界の中のユダヤ教――市川裕先生献呈論文集』リトン、二〇二〇年、一六三―一八八頁
エウセビオス『教会史2』秦剛平訳、山本書店、一九八七年
大貫隆『福音書研究と文学社会学』岩波書店、一九九一年
大貫隆『終末論の系譜――初期ユダヤ教からグノーシスまで』筑摩書房、二〇一九年
金菱清『呼び覚まされる霊性の震災学』新曜社、二〇一六年
金菱清『私の夢まで、会いに来てくれた――3・11　亡き人とのそれから』朝日新聞出版社、二〇一八年
『旧約聖書続編　スタディ版　新共同訳』日本聖書協会、二〇一七年
クロッサン、J・D『イエス――あるユダヤ人貧農の革命的生涯』太田修司訳、新教出版社、一九九八年

木幡藤子・青野太潮編『現代聖書講座第二巻　聖書学の方法と諸問題』日本基督教団出版局、一九九六年
後藤光一郎「ソロモンの詩篇」、日本聖書学研究所編『聖書外典偽典五』教文館、一九七六年、一三—六五、三五五—三六六頁
佐藤研『聖書時代史　新約篇』岩波現代文庫、二〇〇三年
死海文書翻訳委員会訳『死海文書Ⅰ　共同体の規則・終末規定』ぷねうま舎、二〇二〇年
死海文書翻訳委員会訳『死海文書Ⅲ　聖書釈義』ぷねうま舎、二〇二一年
死海文書翻訳委員会訳『死海文書Ⅸ　儀礼文書』ぷねうま舎、二〇一八年
「しそう【思想】」『大辞林　第三版』（https://kotobank.jp/word/%E6%80%9D%E6%83%B3-73644#E3.83.87.E3.82.B8.E3.82.BF.E3.83.AB.E5.A4.A7.E8.BE.9E.E6.B3.89）二〇一八年三月一五日閲覧。
シューラー、E『イエス・キリスト時代のユダヤ民族史Ⅳ』上村静・大庭昭博・小河陽訳、教文館、二〇一五年
関根正雄「ソロモンの知恵」、日本聖書学研究所編『聖書外典偽典二　旧約外典Ⅱ』教文館、一九七七年、一五—六五、三四一—三六〇頁
関根正雄『関根正雄著作集第九巻　ヨブ記註解』新地書房、一九八二年
田川建三『イエスという男』第二版、作品社、二〇〇四年
田川建三『新約聖書　訳と註3パウロ書簡　その一』作品社、二〇〇七年
月本昭男「ヨブ記をめぐる二、三の省察」『聖書学論集』二三、一九八九年、二八一—三〇五頁
手島勲矢編著『わかるユダヤ学』日本実業出版社、二〇〇二年
並木浩一「神義論とヨブ記」、並木『「ヨブ記」論集成』教文館、二〇〇三年
並木浩一訳「ヨブ記」、旧約聖書翻訳委員会訳『旧約聖書Ⅳ』岩波書店、二〇〇五年
日本基督教団出版局編『聖書学方法論』日本基督教団出版局、一九七九年

ブルトマン、R　『新約聖書と神話論』山岡喜久男譯註、新教出版社、一九五六年
マリーナ、B／R・ロアボー　『共観福音書の社会科学的注解』大貫隆・加藤隆訳、新教出版社、二〇〇一年
村岡崇光　「エチオピア語エノク書」、日本聖書学研究所編『聖書外典偽典4　旧約偽典Ⅱ』教文館、一九七五年、一五九―二九二、三三九―三八九頁
村岡崇光　「シリア語バルク黙示録」、日本聖書学研究所編『聖書外典偽典5　旧約偽典Ⅲ』教文館、一九七六年、六七―一五四、三六七―四〇二頁
村岡崇光　「ベン・シラの知恵」、日本聖書学研究所編『聖書外典偽典2　旧約外典Ⅱ』教文館、一九七七年、八五―二〇七、三六一―五一〇頁
八木誠一　「第四エズラ書」、日本聖書学研究所編『聖書外典偽典5　旧約偽典Ⅲ』教文館、一九七六年、一五五―二一七、四〇三―四二八頁
役重善洋　『近代日本の植民地主義とジェンタイル・シオニズム――内村鑑三・矢内原忠雄・中田重治におけるナショナリズムと世界認識』インパクト出版、二〇一八年
山吉智久　「ヨブ記四二章六節をどう解すか――ヨブ記におけるヘブライ語語彙根をめぐって」『聖書学論集』四七、二〇一六年、一―三二頁
ヨセフス、F　『アピオーンへの反論』秦剛平訳、山本書店、一九七七年
ヨセフス、F　『自伝』秦剛平訳、山本書店、一九七八年
ヨセフス、F　『ユダヤ古代誌』秦剛平訳、ちくま学芸文庫、一九九九―二〇〇〇年
ヨセフス、F　『ユダヤ戦記』秦剛平訳、ちくま学芸文庫、二〇〇二年
リングレン、H　『箴言』有働泰博訳、ATD旧約聖書註解一五、ATD・NTD聖書註解刊行会、一九九一年

R. H. Charles (ed.), *The. Apcrypha and Pseudepigrapha of the Old Testament in English with Introductions and Critical and Explanatory Notes to the Several Books* (2 vols.; London: Oxford University Press, 1976 [1913])

F. García Martínez & E. J. C. Tigchelaar（eds. & transl.）, *The Dead Sea Scrolls: Study Edition*（2 vols.; Leiden: Brill, 1997–98, ペーパーバック 1999）.

E. Käsemann, “Die Anfänge christlicher Theologie,” *ZThK* 57（1960）162–85.

G. W. E. Nickelsburg, *1 Enoch. 1: A Commentary on the Book of 1 Enoch, Chapters 1-36; 81-108*（Hermeneia; Minneapolis: Fortress, 2001）.

G. W. E. Nickelsburg, *Jewish Literature between the Bible and the Mishnah*（Minneapolis: Fortress Press, 2005; 2nd edn）.

E. M. Smallwood, *The Jews Under Roman Rule*（Leiden: Brill, 1976）.

V. A. Tcherikover and A. Fuks, *Corpus Papyrorum Judaicarum*（3 vols.; Cambridge: Harvard University Press, 1960）.

S. Uemura, *Land or Earth? A Terminological Study of Hebrew* ’eretz *and Aramaic* ’araʿ *in the Graeco-Roman Period*,（Library of Second Temple Studies 84; London–New York: T&T Clark, 2012）.

J. C. Vanderkam, *From Joshua to Caiaphas: High Priests after the Exile*（Fortress Press: Minneapolis/Van Gorcum: Assen, 2004）.

注

第I部　序

（1）R・ブルトマン『新約聖書と神話論』山岡喜久男譯註、新教出版社、一九五六年、四〇頁。

（2）「しそう【思想】」『大辞林　第三版』（https://kotobank.jp/word/%E6%80%9D%E6%83%B3-73644#E3.83.87.E3.82.B8.E3.82.BF.E3.83.AB.E5.A4.A7.E8.BE.9E.E6.B3.89）二〇一八年三月一五日閲覧。

（3）最近では「批判」の代わりに「批評」という訳語が用いられる傾向がある（廣石望「序論」、浅野淳博他『新約聖書解釈の手引き』日本キリスト教団出版局、二〇一六年、三―一三頁）。これは「批判」という言葉を「批難」と混同する一部の読者への配慮であろうが、critical であることはあらゆる学問に要求される前提である。辻は同書において「歴史的・批判的研究」という表現を用いつつ、それに含まれる意味合いを説明している（辻学「第二章　資料・様式・編集」同上、五四―五五頁）。聖書学方法論一般については、同書の他に、木幡藤子・青野太潮編『現代聖書講座第二巻　聖書学の方法と諸問題』日本基督教団出版局、一九九六年、日本基督教団出版局編『聖書学方法論』日本基督教団出版局、一九七九年など参照。

第一章　聖書と聖書学

（1）聖書と歴史の関係について、拙稿「『聖書』と『歴史』――解釈学的問題」、市川裕・松村一男・渡辺和子編『宗教史とは何か』下巻、リトン、二〇〇九年、一二三―一四五頁参照。

（2）聖書学の限界と意義、これからの可能性については、拙稿「聖書解釈の限界とその現代的意義」『京都ユダヤ思想』

四号、二〇一三年、一〇一―一〇四頁参照。

（3）聖書の神話性とその現代的解釈の意義と可能性については、拙稿「聖書の非神話化と再神話化」、松村一男・山中弘編『神話と現代』リトン、二〇〇七年、一八三―二一〇頁、および拙著『宗教の倒錯――ユダヤ教・イエス・キリスト教』岩波書店、二〇〇八年、三―五頁参照。

第二章　預言者とモーセ五書の思想系譜

（1）預言者たちの活動および使信については、拙著『宗教の倒錯』前掲、三八―八五頁、同『旧約聖書と新約聖書――「聖書」とはなにか』新教出版社、二〇一一年、一〇三―一二二頁参照。

（2）以下、古代文献の邦訳は断りのない限りすべて私訳。

（3）他にも何人かの預言者がいるが、ここでは割愛する。

（4）王上五27-32、九20-21参照。

（5）モーセ五書の編纂目的とその使信については、拙稿「五書がトーラーな理由」『ユダヤ・イスラエル研究』二一号、二〇〇六年、一七―二八頁参照。

（6）王上一三33-34、一四9、一五25-26、29-30、33-34、一六1-4、7、13、19、25-26、30-33、二二52-54、王下三1-3、一〇28-31、一三1-7、一〇11、一四23-24、一五8-9、17-18、23-24、27-28、一七1-2、7-17、21-23参照。

（7）「預言の終わり」については、拙稿「五書がトーラーな理由」前掲、参照。

（8）「神義論」という言葉と定義、その歴史については、並木浩一「神義論とヨブ記」、並木『「ヨブ記」論集成』教文館、二〇〇三年、一一一―一六七頁、特に一一一―一三五頁参照。

第三章　創造論の系譜

（1）本節についてのより詳細な議論は、拙著『旧約聖書と新約聖書』前掲、六六―七九頁参照。

（2）ヨブ記については他で詳しく論じたことはないので、以下では少し丁寧に論ずる。

（3）ヨブ二10も同様。

（4）ヨブ九20-23の翻訳については、山吉智久「ヨブ記四二章六節をどう解すか――ヨブ記におけるヘブライ語語彙根をめぐって」『聖書学論集』四七、二〇一六年、一―三二頁、特に一四頁参照。

（5）並木浩一訳「ヨブ記」、旧約聖書翻訳委員会訳『旧約聖書Ⅳ』岩波書店、二〇〇五年、四三五頁、注（17）「（ヨブ記作者は）被造世界への配慮を通して神が間接的に個々人と関わると主張している」参照。

（6）四二6は三〇19を受けている。人間を「塵芥」とする表現について、創一八27参照。

（7）四二6は「塵と灰の上に伏し、自分を退け、悔い改める／慰められる」と訳すこともできる。ここでは並木訳（前掲「ヨブ記」）と山吉訳（前掲「ヨブ記四二章六節をどう解すか」）を参考にしたが、どの訳でも「自分の生の意味への執着から離れ、考え直す（その結果、慰めを得る）」という意味に取れば大きな違いはない。

（8）例えば、創一二10-20（創二〇1-18参照）、四一―四七章、出一―一四章。

（9）コヘレトについては、拙論「コヘレトとイエス――ニヒリズムによるエゴイズムの克服」、日本聖書学研究所『聖書学論集四七　聖書的宗教とその周辺』リトン、二〇一四年、二一五―二三八頁参照。

（10）コヘ二24、三22、五7-18、八15、九7-10参照。

第四章　終末論の系譜

（1）箴言に対するこうした性格づけについては、H・リングレン『箴言』有働泰博訳、ATD旧約聖書註解15、ATD・NTD聖書註解刊行会、一九九一年、一三―一七頁参照。

（2）箴二21-22、三9-10、一〇2、7、27、一一31参照。

（3）「義人」と「罪人」（邪悪な者）を対比する用例は箴言と詩篇に多い。箴二21-22、三9-10、32-33、一〇2、7、27、一一31参照。「義人」――詩一5、6、五13、一一3、三二11、三四16、三七12、16、17、21、25、29、30、32、39、五二8、五五23、五八11、12、六四11、七二7、七五11、九七12、一一二6、一四一5、「罪人」――詩一1、4、5、6、一一5、三二10、三四22、三六2、三七10、12、14、16、17、20、21、28、32、34、35、38、40、三九2、五〇16、五八4、11、七五5、9、11、九一8、九二8、一〇一8、一〇四35、一一二10ａｂ、一一九53、61、119、155、一三九19、一四五20、一四六9、一四七6。

（4）箴二1-6、三7、九10、一四2、27、三一30参照。

（5）箴一六12、一九12、二〇2、二五5参照。

（6）ベン・シラの知恵についての概説として、拙著『旧約聖書と新約聖書』前掲、一五七―一五九頁参照。邦訳には、新共同訳と協会共同訳の続編の他に、村岡崇光「ベン・シラの知恵」、日本聖書学研究所編『聖書外典偽典二　旧約外典Ⅱ』教文館、一九七七年、八五―二〇七、三六一―五一〇頁がある。

（7）以下の記述については、拙著『宗教の倒錯』前掲、八九―一四九頁、同『旧約聖書と新約聖書』前掲、一四四―一九〇頁参照。

（8）寝ずの番人の書（一―三六章）――前三世紀、たとえの書（三七―七一章）――前一世紀末―後一世紀初頭、天体の書（七二―八二章）――前三世紀、夢幻の書（八三―九〇章）――前一六四―一六三年頃、エノクの手紙（九一―一〇八章）――前一七五―一六七年頃。なお、Ⅰエノク書はエチオピア教会では「正典」の一つに数えられている。邦訳には、村岡崇光「エチオピア語エノク書」、日本聖書学研究所編『聖書外典偽典四　旧約偽典Ⅱ』教文館、一九七五年、一五九―二九二、三三九―三八九頁がある。

（9）G. W. E. Nickelsburg, *1 Enoch. 1: A Commentary on the Book of 1 Enoch, Chapters 1-36; 81-108* (Hermeneia;

Minneapolis: Fortress, 2001）169–171 参照。

（10）寝ずの番人の書自体も五つの冊子の集成である。「序論」（一―五章）――前三世紀後半、「堕天使の神話」（六―一一章）――前三二三―三〇二年、エノクの任命（一二―一六章）、エノクの第一の旅（一七―一九章）――前三世紀半ば、エノクの第二の旅（二〇―三六章）――前三世紀半ば。「序論」は冒頭に置かれているが、四つの冊子をまとめるため最後に全体の総括として書かれたと考えられる。G. W. E. Nickelsburg, *Jewish Literature between the Bible and the Mishnah*（Minneapolis: Fortress Press, 2005; 2nd edn）46–52 参照。

（11）古代ユダヤ教における「地の神学」については、拙著 *Land or Earth? A Terminological Study of Hebrew 'eretz and Aramaic 'ara' in the Graeco-Roman Period*（Library of Second Temple Studies 84; London-New York: T&T Clark, 2012）参照。

（12）「黙示思想」については、拙著『旧約聖書と新約聖書』前掲、一五一―一五二頁参照。

（13）①短い黙示録を含む序章（九一1―10、18―19）、②手紙への序文（九二章）、③週の黙示録（九三1―10＋九一11―17）、④自然の詩（九三11―14）、⑤訓戒からなる手紙（九四―一〇五章）、⑥ノアの誕生（一〇六―一〇七章）、⑦エノク書全体の締めくくり（一〇八章）。最後の一〇八章はエノク書の他の諸文書を知っているので明らかに後代（後一世紀？）の付加である。③の週の黙示録（エチオピア語版の章節は乱丁）、④の詩、②および⑤の手紙はおそらく別の著者の手になる。これらと残りの部分の関連については諸説あり、いまだ研究者間に合意はないが、ある編集者が②―⑤を結合し、その際①と⑥をその枠として書き加え、さらにこれら全体を、寝ずの番人の書（一―三六章）と結合したと考えられる。

（14）Ｉエノ九五4-7、九六4-8、九七7-8、九八9、11-15、九九1-2、11-15、一〇〇7-9、一〇三5、8、ルカ六24参照。

（15）Ｉエノ九四8、九六4-6、九八2。

(16) Iエノ九四6、九五6、九六7、九七8、九八12、九九1、一〇〇9参照。
(17) Iエノ九五7、九六8、一〇〇7。
(18) Iエノ九九7、14、15。
(19) シラ二四章参照。
(20) Iエノ九六8、九七1、5、九八8、10、九九6、15、一〇四5参照。
(21) 聖書における「残りの者」については、拙著『キリスト教信仰の成立』前掲、六三―六四頁、同『宗教の倒錯』前掲、七三―七五頁参照。
(22) ローマ時代にいたるユダヤ思想史については、拙稿「後1世紀パレスチナの空気」『新約学研究』三五号、二〇〇七年、五―三〇頁、拙著『宗教の倒錯』前掲、一一二―一四九、二五八―二六四、二七三―二九六頁、同『旧約聖書と新約聖書』前掲、一六七―一九〇頁参照。
(23) キリスト教の諸問題について、拙著『キリスト教の自己批判――明日の福音のために』新教出版社、二〇一三年参照。

第五章　ローマ時代のユダヤ思想

(1) 『旧約聖書続編・スタディ版・新共同訳』日本聖書協会、二〇一七年、二二一頁。邦訳には、新共同訳と協会共同訳の続編の他に、関根正雄「ソロモンの知恵」、日本聖書学研究所編『聖書外典偽典二　旧約外典II』教文館、一九七七年、一五―六五、三四一―三六〇頁がある。
(2) テキストでは主語は明示されていない。このためチャールズやニッケルスバーグらは5節の真ん中の一文をここに移動して、「選ばれし者」を主語にする。
(3) 異読に「わが玉座」がある。

（4）詩一一四4、6。

（5）チャールズ、ニッケルスバーグらは「天における御使いたちすべての顔は喜びに輝く」とテキストを修正する。

（6）三八1-6、四一1-2、四五6、四六4-8、四8-10、五〇2、4-5、五三1-5、五四1-10、五六8、六二1-12、六三1-12、六九27-28。

（7）三七2、5、四〇6、7、四八5、五三1、五四6、9、五五1、2、4、六〇5、22、六五6、12、六六1、六七7、8、六九1、7、七〇1。

（8）三八1、2、3、四一2、8、四五2、5、6、四六4、五〇2、五三2、7、五六8、六〇6、六二2、13、六九27。

（9）三八4-5、四八8、五三5、六二1、3、6、9、六三1、六七12。

（10）ガリラヤのユダヤ化については、拙稿「第二神殿時代におけるガリラヤのリーダーたち——ユダヤ性への問い」勝又悦子・柴田大輔・志田雅宏・高井啓介編『一神教世界の中のユダヤ教——市川裕先生献呈論文集』リトン、二〇二〇年、一六三—一八八頁参照。

（11）同様の黙示思想の前提から書かれた後一世紀の古代ユダヤ文書として、『モーセの遺訓』、偽フィロン『聖書古代誌』、後二世紀初頭のものとして『第Ⅳエズラ記』、『第Ⅱバルク書』、『アブラハムの黙示録』等が挙げられる。

第六章　セクト運動

（1）以下の大祭司職に関する議論はいささか複雑であるが、ここではなるべく簡単な説明を試みた。詳しくは、J.C. Vanderkam, *From Joshua to Caiaphas: High Priests after the Exile* (Fortress Press: Minneapolis/Van Gorcum: Assen, 2004) 参照。

（2）エズ二2、三2、五2、ハガ一1、12、14、二1、4、ゼカ三1-10、六9-15参照。

（3）この時代の歴史的背景については、拙著『宗教の倒錯』前掲、一一二—一一八頁参照。

（4）ナホム書ペシェルは『死海文書Ⅲ　聖書釈義』ぷねうま舎、二〇二一年に所収（下記注（7）参照）。ただし、ここの邦訳は、F. García Martínez & E. J. C. Tigchelaar (eds. & transl.), *The Dead Sea Scrolls: Study Edition* (2 vols.; Leiden: Brill, 1997–98, ペーパーバック 1999) からの私訳。

（5）ファリサイ派とサドカイ派については、E・シューラー『イエス・キリスト時代のユダヤ民族史Ⅳ』上村静・大庭昭博・小河陽訳、教文館、二〇一五年、七―一二八頁参照。

（6）死海文書の内容とその発見の意義について、拙稿「クムランと死海文書――神殿時代末期のユダヤ社会の同時代史的視点から」『ユダヤ・イスラエル研究』三三、二〇一九年、一三―二五頁参照。

（7）死海文書の邦訳は、『死海文書』（死海文書翻訳委員会訳）としてぷねうま舎から刊行中である。共同体の規則については、『死海文書Ⅰ　共同体の規則・終末規定』ぷねうま舎、二〇二〇年による。

（8）ダマスコ文書および会衆規定の邦訳も『死海文書Ⅰ』（前注）による。

（9）ハバクク書ペシェルの邦訳は、『死海文書Ⅲ』前掲、に所収。ただしここの邦訳は上記注（4）からの私訳。

（10）申一八15、マラ三22–24、Ⅰマカ四46、一四41参照。

（11）ゼカ四11–14、ダマスコ文書（CD）XII 23-XIII 1, XIV 19, XIX 10–11, XX 1, 会衆規定（1Q28a）II 14, 20, フロリレギウム（4Q174）一 i＋二＋二11、シメオンの遺訓七1–2、レビの遺訓八11–15、ユダの遺訓二一1–2参照。

（12）ヨセフス、ユダヤ古代誌一八19「彼ら（エッセネ派）は神殿に献納物を奉納するが、彼らの考える清浄の相違ゆえに犠牲祭儀を行わ［ない］。そしてこのことゆえに彼らは境内の公共の場から閉め出されており、自分たちで犠牲祭儀を行っている」参照（角括弧〔ブラケット〕内の否定辞「ない」は異読による）。

（13）フロリレギウムの邦訳は、『死海文書Ⅲ』（前掲）による。

（14）邦訳は『死海文書Ⅰ』（前掲）による。

（15）邦訳は『死海文書Ⅸ　儀礼文書』ぷねうま舎、二〇一八年参照。

(16) 異読に「為す者たち」。

(17) 異読に「辛苦」。

(18) この時代のメシア待望については、戦記六312-313、タキトゥス『同時代史』Ⅴ一三2、スエトニウス『皇帝列伝 ウェスパシアヌス』四5、『同ネロ』四〇2参照。

第七章　ユダヤ人が創造神を憎悪する出来事

(1) この時代の概要については、拙著『宗教の倒錯』前掲、二五八―二七七頁参照。

(2) 異読に「数千人」。

(3) 第Ⅳエズラ記は、新共同訳聖書および協会共同訳聖書の「旧約聖書続編」で『エズラ記（ラテン語）』と称されている書物の三―一四章であり、後一世紀末に著されたものである。ラテン語訳、シリア語訳などから知られるが、原語はヘブライ語。邦訳には八木誠一「第四エズラ書」『聖書外典偽典五　旧約偽典Ⅲ』Ⅳ教文館、一九七六年、一五五―二一七、四〇三―四二八頁もある。概要について、拙著『宗教の倒錯』前掲、二八一―二八四頁、拙稿「神殿の崩壊――第4エズラ記」『聖書学論集』五〇、二〇一九年、一―二一頁参照。

(4) アラビア語版とアルメニア語版に基づく訳。八木（前注）の訳とそこの注参照。新共同訳はラテン語版から「町が花嫁となって」（協会共同訳は「花嫁である町が現れ」）と訳す。黙二一9-10参照。

(5) 「ゲヘナ」はヘブライ語のゲー・ヒンノム（ヒンノムの谷）のギリシア語音写。マタイ福音書に用例が多い（マタ五22、29、30、一〇28、一八9、二三15、33。マコ九43、45、47、ルカ一二5参照）。「楽園」は新約に三箇所（ルカ二三43、Ⅱコリ一二4、黙二7）。

(6) 第Ⅳエズラ記と同時代に書かれたヨハネ黙示録の千年王国論（二〇章）と新天新地（二一章）も同様。

(7) ユリウス・カエサルからドミティアヌスまでのローマ皇帝か？『旧約聖書続編・スタディ版』前掲、五二九頁

（一一12–33の解説）参照。

（8）ウェスパシアヌス、ティトス、ドミティアヌスと考えられる。『旧約聖書続編・スタディ版』前掲、五三〇頁（一一29の解説）参照。

（9）ネルウァ、トラヤヌスか？　『旧約聖書続編・スタディ版』前掲、五三一頁（一二2の解説）参照。この二人の治世は「短い」とされているので（ネルウァは一年半、トラヤヌスは二十年の治世）、この二人の同定が正しければ第Ⅳエズラ記はトラヤヌス治世の初期に書かれたことになる（後一〇〇年頃にちょうど重なる）。

（10）「人」であって、「人の子」ではない。それはヘブライ語だから（アラム語なら「人の子」）。このことは、「人の子」という表現が固定的なメシア称号の一つとして使われていたわけではないことを示している。「人の子」というアラム語表現は、意味としては「人」を指しているに過ぎない。拙著『イエス――人と神と』（fad 叢書1）関東神学ゼミナール、二〇〇五年、一〇五―一三五頁参照。

（11）この「（神の）子」の原語については、一六六―一六七頁の注＊参照。

（12）シリア語訳で知られているが原語はおそらくヘブライ語。邦訳には村岡崇光「シリア語バルク黙示録」『聖書外典偽典五　旧約偽典Ⅲ』教文館、一九七六年、六七―一五四、三六七―四〇二頁がある。

（13）シリア語 *rmt*ʾ はラマタと読んで「山」を意味するが、ここではヘブライ語のリマーをそのままシリア語にしたリマタと読んで「蛆虫」の意にとる。村岡（前注）も「虫けら」と訳している。

（14）ミシュナー『ソター』九14（カウフマン写本の九17）、『セデル・オラム・ラッバー』三〇章（Neubauer［ed.］p. 66; Mirsky［ed.］145–146, n. 77）に「プルムス・シェル・キトス」（「キトスの戦争」）という表現が現れる。

（15）エウセビオス『教会史2』秦剛平訳、山本書店、一九八七年、九―一〇頁。一部修正。丸括弧内は上村による補足説明。

（16）V. A. Tcherikover and A. Fuks, *Corpus Papyrorum Judaicarum*（3 vols.; Cambridge: Harvard University Press,

1960［以下、*CPJ*］）no. 435。なお、以下の概観は主に、E. M. Smallwood, *The Jews Under Roman Rule*（Leiden: Brill, 1976）による。

（17）パレスチナ・タルムード『スッカー』五1、55 a - b。

（18）*CPJ* nos. 435-450.

（19）*CPJ* no. 450.

（20）*CPJ* nos. 227-229.

（21）*CPJ* nos. 158a, 438, 443.

（22）大貫隆『終末論の系譜――初期ユダヤ教からグノーシスまで』筑摩書房、二〇一九年、四八四―四八五頁。

（23）同上、四七九頁。

第Ⅲ部　序

（1）E. Käsemann, "Die Anfänge christlicher Theologie," *ZThK* 57（1960）162-85. 引用は p. 180.

（2）後一世紀のパレスチナの思想状況については、拙稿「後一世紀パレスチナの空気」『新約学研究』三五号、二〇〇七年、五―三〇頁、拙著『宗教の倒錯』前掲、一三九―一四三頁参照。

（3）最初期のキリスト教運動を「ユダヤ教イエス派」とする言い方もあるが（佐藤研『聖書時代史　新約篇』岩波現代文庫、二〇〇三年、VI頁）、イエス本人の活動と区別するため、また後のキリスト教との繋がりを考慮して、「キリスト派」と呼ぶ（英語の Christian sect に対応する）。

第八章　イエス

（4）イエスおよびパウロについては、すでにいくつかの著書・論文で論じたことがあるので、本稿ではそれらを思想系譜という観点からまとめ直す。

（1）B・マリーナ／R・ロアボー著『共観福音書の社会科学的注解』大貫隆・加藤隆訳、新教出版社、二〇〇一年、八四―八五、九三―九五頁、J・D・クロッサン『イエス――あるユダヤ人貧農の革命的生涯』太田修司訳、新教出版社、一九九八年、一二九―一六七頁参照。

（2）マコ二11、五19、34、八26、一〇52。マコ一44も一種の帰還命令と見なせる。「帰還命令」については、大貫隆『福音書研究と文学社会学』岩波書店、一九九一年、二六七―三二二頁参照。

（3）ここの主人のセリフは、少し要約してあるが、最後の一文は直訳である。なお、一節冒頭の導入文と16節はマタイによる付加である。

（4）田川建三『イエスという男』第二版、作品社、二〇〇四年、八六頁以下。

（5）ローマ時代のユダヤ教における「神の支配」理解およびイエスの語るそれについての学説は、拙稿「コヘレトとイエス」前掲、二一五―二三八、二二六―二二九頁参照。

（6）マタ二三13、ルカ一三28-29、一四16-24参照。

（7）イエスの語る「神の支配／国」については、拙著『イエス』前掲、五九―一〇三頁参照。

第九章　パウロ

（1）詳細は、拙著『キリスト教信仰の成立』前掲、一六―一八頁、同『宗教の倒錯』前掲、二一九―二二六頁参照。

（2）たとえば、三・一一後の被災地で語られる霊体験などがそうである。金菱清（ゼミナール）『呼び覚まされる霊性の震災学』新曜社、二〇一六年、同『私の夢まで、会いに来てくれた――三・一一　亡き人とのそれから』朝日新聞出版社、二〇一八年等。

（3）拙著『キリスト教信仰の成立』前掲、一九―二三頁、同『宗教の倒錯』前掲、二三〇―二三七頁参照。

（4）パウロが「罪」を語る時には圧倒的に単数形が多いが（五十九回中五十二回）、これは数えられる（律法違反等の）

「罪」ではなく、根源的な「罪」を考えているからである。単数形（ハマルティア）——ロマ三9、20、25、四8、五12（×二）、13（×二）、20、21、六1、2、6（×二）、7、10、11、12、13、14、16、17、18、20、22、23、七7（×二）、8（×二）、9、11、13（×三）、14、17、20、23、25、八2、3（×三）、10、一四23、Iコリ一五56（×二）、IIコリ五21（×二）、一一7、ガラ二17、三22。Iコリ六18（ハマルテーマの単数形）参照。複数形（ハマルティアイ）——ロマ四7（=LXX 詩三二1）、七5、一一27（≒LXX イザ二七9〔単数〕）、Iコリ一五3、17、ガラ一4、Iテサ二16。ロマ三25（ハマルテーマの複数形）参照。

（5）拙著『キリスト教信仰の成立』前掲、二三—二六、『宗教の倒錯』前掲、二三八—二四一参照。

（6）Iテサ一10、四15-17、Iコリ一五20-26、51-52参照。

（7）ルター以来、「イエス・キリストへの信仰」（人間がキリストに対して持つ信仰）と訳されてきたが、最近では「キリストが誠実／忠実だったこと」の意で解釈されるようになっている。田川建三『新約聖書　訳と註3パウロ書簡その一』作品社、二〇〇七年、一六七—一七三頁、協会共同訳の該当箇所参照。

（8）ロマ一29-31、Iコリ六9-10、IIコリ一二20-21、ガラ五19-21。マコ七21-22参照。

（9）申二一23。ただし、申命記では「神によって（呪われている）」とあるのに、ここでは意図的にこのフレーズを削除して引用することで、「律法によって」呪われているという意味に変えている。

（10）青野太潮『「十字架の神学」をめぐって』新教出版社、二〇一一年、一五七—一五九頁、同『パウロ——十字架の使徒』岩波新書、二〇一八年、一二五—一四一頁参照。

（11）「異教」という表現は、キリスト教による他宗教蔑視の表現であるから、カッコつきで表記している。

（12）イギリス人長老派牧師 Thomas Brightman（一五六二—一六〇七年）の著作『黙示録の中の黙示』（*Apocalyptic Apocalypseos*）のラテン語版が一六〇九年に、英語版が一六一一、一五、一六、四四年に発行されている。

（13）マックス・ウェーバー『プロテスタンティズムの倫理と資本主義の精神』大塚久雄訳、岩波文庫、一九八九年

(“Die protestantische Ethik und der ‘Geist’ des Kapitalismus,” 1904–05)°

あとがき

本書の第Ⅰ部と第Ⅲ部は、勤務先の大学院の紀要に掲載された次の論稿をもとにしている。

「古代ユダヤ教における二つの思想潮流——創造論と終末論」『人間学論究』一号、二〇一八年、一九—六一頁

「イエスとパウロ——創造論と終末論」『人間学論究』二号、二〇一九年、二五—四九頁

第Ⅱ部は、恩師である荒井献先生のお宅で定期的に行われている若い有志たちの勉強会に誘われたときに行った発題のレジュメをもとにしている（二〇二〇年二月）。これらをまとめて本にするつもりはなかったが、これらを見たぷねうま舎の中川和夫氏から本にしましょうという提案があった。しかし、第Ⅱ部のもととなったレジュメは、第Ⅰ部の論稿をまとめなおしたものにいくつかの素材を加えたものであったため、そのままただ文章化して並べればいいというわけにはいかなかった。そこで第

Ⅰ部の元の論稿が字数の都合でマカバイ戦争までで終わっていたので、第Ⅱ部をローマ時代から書きはじめることとし、また主要なセクト運動についての概説を加えることで、イエスの活動からキリスト教がユダヤ教から分離するまで（つまり第Ⅲ部）の時代背景を兼ねるようにした。ただし、本書で扱った古代ユダヤ教文献は主要なものを選択的に取り上げたにすぎず、網羅的ではない。パレスチナ起源の文書すべてを扱うことも考えたが、量が多くなりすぎるのと、文献紹介の部分が多くなりすぎて、肝心の終末論の問題がぼやけてしまうことを避けた。本書はまた既刊の拙著で論じたことについては端折っている場合もある。同じことをあちらとこちらで繰り返すのを避けたのであるが、拙著は本書が初めてという読者には、文献によって記述の丁寧さに違いのあることが気になるかもしれない。いつか機会があれば、古代ユダヤ教文献概説のようなものを出せればと思うが、気になる方は注に記した既刊の拙著・拙稿の当該箇所を参照していただきたい。第Ⅰ部と第Ⅲ部もそのままのものを採録したのではなく、一般読者向けになるべくわかりやすくなるよう書き改めた。なお、脱稿後に離日したため、四月以降に日本で発行された印刷物を参照できなかったことをお断りしておきたい。また、本書執筆にあたり、JSPS 科研費 JP 20270547 の助成を受けた。

さて、本書では終末論を理想と関連づけて批判的に論じたところがあるが、誤解を招かないように少し補足しておきたい。人間が何らかの理想を掲げることは望ましいことであり、また必要なことであると思う――もっともそれが本当に理想としてふさわしいかどうかはよく吟味されるべきであるが。しかし、その理想が容易に実現できると考えるならば、それは理想の名に値しないだろう。同時にま

た、どうせ実現できないのだから理想なんて要らないというわけにもいかない。すでに前八世紀のイザヤが夢想したように、戦争のない世界は理想の最たるものであるだろう。それから二千七百年以上も経って、今なおその理想は実現からはほど遠い。それでもこの理想はこれからも掲げつづけられるべきであろう。モーセ五書はイザヤの理想の実現をユダヤ人の為すべき使命としたのであり、ユダヤ教徒は今なお人類の再統合という理想のために律法を守っている（たぶん）。日本国憲法の前文もまた恒久平和と全世界の国民が恐怖と欠乏から免かれることを崇高な理想として掲げ、それを日本国民の存在意義としている。ユダヤ人であれ日本人であれ、民族や国民は共同幻想にすぎないと言ってしまえばそれまでだが、この幻想の上に国際なるものが存立している以上、自国ファーストをあからさまに掲げるよりは世界平和を掲げる方が国家という理念的存在には望ましいだろう。

世界中のほとんどの住民は、戦争のない世界を望んでいるのだと思う。にもかかわらず、その実現可能性を予見することすら難しい。なんと愚かなのだろう、人間は。創世記の原初史物語によれば、人間の愚かさは「神のように」なろうとするところにある。個人・民族・国民・国家が自他の支配者になろうとする。そうして専制と隷従、圧迫と偏狭を地上に広め、争いの種を蒔いている。人間相互の関係を支配する崇高な理想が自覚されることはなく、他者・他民族・他国民・他国に対する不信が平和という理想を踏みつぶしている。

人間は愚かな生き物だ。「神のように」なることは決してできない。愚かであるがゆえに、理想を思い描くことはできても、決してそれを実現することはできない。けれども、まさに自らの愚かさに

気づき、「神のように」なろうとする強欲と傲慢から自らを解き放つならば、決して実現することのできない理想に向けて歩みはじめるくらいのことはできるかもしれない。とりわけ、為政者や組織のトップを自任する者たちには、自らの不完全さ、いたらなさを自覚することが求められる。自らの愚かさに気づくことが、愚かな人間に与えられたせめてもの知恵ではなかろうか。さもなければ、神がこの世を終わらすより前に、人間が世界を共滅させることになろう。終末論を幼稚な思想と語る私もまた、こうして終末を語ってしまう。愚かな人間にとって、終末とは事程左様に魅力的なもののようだ。

しつこく人間の愚かさを語っている私もまた人一倍の愚か者ではあるが、そんな私を見捨てずにいてくれる方々のおかげで、飲み食いと家庭生活、社会生活に幸いを見出すことができている。ぷねうま舎の中川氏とは死海文書翻訳の企画会議で出会ってから十五年の月日が経った。お陰様で締め切りの途切れることのない日々を送ることができている。おそらく退屈きわまりないであろう講義に半分寝ながら真面目に出席してくれる学生たち、言いたい放題でも追い出さずにいてくれる同僚たち、あれやこれやの議論に付き合ってくれる先輩・後輩諸氏、物分かりの悪い私に丁寧に教えてくれる異分野の共同研究の仲間たち、出来の悪い元教え子に仕事を振ってくれる先生方、愚かの極みにある為政者と闘う同志たち、呆れるほどの愚か者に笑顔を絶やさず寄り添ってくれる妻、皆様の支えがあって本書を出すことができた。感謝に堪えない。

最後に、本書をわが恩師である荒井献先生に捧げることをお許しいただきたい。学生時代に遠藤周

作の『死海のほとり』を読んだとき、それに遠藤と荒井先生の対談が付録としてついていた。聖書学との出会いだった。教会で育ったけれど、キリスト教には違和感しかないと感じていた私にとって、聖書学は長く抱えていたモヤモヤを解消してくれる衝撃だった。後に先生と同い年の故父が青山学院大学大学院で先生の教え子だったことを知った。私がサラリーマン生活に別れを告げて先生の門下に研究生として通ったのは、駒場での先生の最後の年だった。ゼミの後の蕎麦屋での雑談が懐かしく思い出される。

先輩たちは、荒井先生は怖い、厳しい、と口を揃えていたが、私にはとてもやさしい、また紳士な先生に感じられた。期待されてなかったから厳しくされることもなかったのだろうけれど、勝手に駒場での最後の弟子を自称させていただいている。駒場を離れた後、しばらく先生は茨城の大学に勤務されたが、そのとき学生だった妻も先生の授業に出ていた。わが家の三人が教え子であるというのも何かのご縁かと思う。結婚の際には、英子さんとお二人に証人になっていただいた。その後も折りに触れて交流の機会を得させていただいている。

先生からはいろいろなことを教わってきたが、もっとも大事なこととして心に刺さっているのは、批判的であるということについてである。先生は何に対しても批判的であることに臆することがないし、またご自身が批判されることについてもそれを真摯に受け止め、丁寧に応答される。先生の批判的応答という姿勢を私なりに受け継いでいきたいと思う。思い返せば本書で繰り返し語った「神のように」なろうとする人間の愚かさとは、先生がずっと指摘しつづけてこられたものであった。

先生はすでに九十歳を越えておられるけれど、今なお若い研究者たちが先生のもとに学びに行き、先生もまた学びつづけられるのだろうと思う。心からの感謝と尊敬の思いとともに、本書を先生に捧げます。

二〇二一年秋麗の候　地中海の小島にて

著者

上村　静

専攻, ユダヤ学, 聖書学, 宗教学. 94-98年, ヘブライ大学に留学. 2000年, 東京大学大学院人文社会系研究科基礎文化研究専攻宗教学宗教史学専門分野満期退学. 2005年Ph.D. 取得（ヘブライ大学）. 現在, 尚絅学院大学教授.
著書,『宗教の倒錯——ユダヤ教・イエス・キリスト教』（岩波書店,2008),『旧約聖書と新約聖書——「聖書」とはなにか』,『キリスト教の自己批判——明日の福音のために』,『国家の論理といのちの倫理——現代社会の共同幻想と聖書の読み直し』編著（新教出版社, 2011,13, 14), *Land or Earth? A Terminological Study of Hebrew 'eretz and Aramaic 'ara' in the Graeco-Roman Period*, (Library of Second Temple Studies 84; London-New York: T&T Clark, 2012). 訳書, P. シェーファー『タルムードの中のイエス』（共訳, 岩波書店, 2010), E. シューラー『イエス・キリスト時代のユダヤ民族史IV』（共訳, 教文館, 2015), 死海文書翻訳プロジェクト編集委員, 翻訳担当巻, I『共同体規則・終末規定』(2020), III『聖書釈義』(2021), VI『聖書の再話 1, II』(2019), VIII『詩篇』(2018), IX『儀礼文書』(2018, ぷねうま舎).

終末の起源　二つの系譜　創造論と終末論

2021年11月25日　第1刷発行

著　者　上村　静（うえむら　しずか）
発行者　中川和夫
発行所　株式会社 ぷねうま舎
〒162-0805　東京都新宿区矢来町122　第二矢来ビル3F
電話 03-5228-5842　ファックス 03-5228-5843
http://www.pneumasha.com

印刷・製本　株式会社ディグ

ISBN 978-4-910154- 27-5　Printed in Japan